Street Dog Music

by

Laura A. Munteanu

MMXV York

First published in 2015 by PlateaCanis Imprints
plateacanis@gmail.com

Printed & Bound
in the UK
2015

Dedication

Familiei mele si prietenilor mei
care mi-au oferit ceva
despre care sa latru...

In special genunchiului pe care
bunicii mei m-au tinut, sa-mi spuna
despre lucrurile uitate.

And to the most extraordinary
person in my life, my best friend
and mentor Jon, without whose
support, guidance, friendship and
love I would have never learned
that the place you are is the way you think,
and that the journey is just as important and rich
as the intended destination.

Acknowledgements

My thanks to Jon, my tutors at York St. John, Benjamin, Andy, my fellow poets, all who have supported my entry into a much bigger world. Your support is very much appreciated.

Whilst it has taken me a long time to come down from the mountain, I would like to particularly thank Alina, Maria, Mirabela, Mahinour and Simina for recognising the rare birds I brought down with me. When we all climb back up, I will be very happy to show you all where their nests are. Their song is magnificent, their plumage dazzling and they taste delicious; after all they are made of words.

Thanks also to Karen, Ben and Laura for supporting my writing, as only fellow writers can. Likewise, the community of writers at Speaker's Corner in the Golden Ball, thank you for listening too and sharing your words with me.

About the Author

Laura A. Munteanu comes from the Ferentari district in Sector 5, Bucharest, Romania. She was born in a communist regime which was toppled when she was 6. She moved to England in 2008 to follow an education. She considers herself very much a work in progress.

She is fluent in Romanian and English, horrified that the English are unfamiliar with Eminescu, Creanga and Caragiale. She can make herself understood in Romani, Italian, French and Spanish, particularly in an argument.

Laura won the York St. John Historical Story prize in 2012. Her work has been featured in the Rowntree Park Writing project. Laura also features in Beyond the Walls (York St. John, 2014) and in VoiceIn Journal (2015).

She is currently preparing a two prose pieces, when the poetic muses allow.

Street Dog Music is her first poetry publication.

Contents

Introduction

I was born in 1983 in Bucharest, Romania. I was 6 when Ceausescu's regime fell, and 24 when Romania joined the European Union. By this time, I had worked as a pizza chef, pretzel baker, worked in a clothes shop, in a petrol station, as an au pair, took part in a pyramid scheme (disaster), secretary, telesales, and casino hostess. I had my heart broken at least twice. In 2008, I came to England to seek an education whose qualifications I couldn't buy. As I climbed a very steep academic mountain I discovered, despite the restrictions placed upon me, on my ability to support myself by virtue of my national status, I was lucky enough to find something that I am passionate about doing. That is being a writer. Whilst I'm still relatively young and still sufficiently inexperienced to have anything much worth saying with my modest wordcraft, in my second language I would like to present to you, dear reader, my first book.

It's a collection of poems that I wrote early in my diaspora when I was more Romanian than English. Now I'm an educated woman, I can confidently assert that my native country, despite its enthusiastic assimilation of its modern technology still is essentially a medieval culture. In that, whilst we have the internet and email we use it to book appointments with our local witch, who will advise us as to the shape of our future, the colour of our future husband's hair, and advises us what to do when he cheats on us. My love of storytelling started with the gossip of my neighbours and the tales told to me by my grandparents. These tales have grown up with me and whilst I now go to the newspaper for my news, rather than the steps on the front of my apartment block, the stories are just as real as they ever were. So, as the Irishman Stoker noted about the arguments the street dogs have at night, this passenger from the Demeter, though busy with her Yorkshire mischief brings you some Street Dog Music, and she hopes you finds their songs sweet enough.

I present the work in Romanian and English, and I am curious to learn which audience will respond better. A glossary of unfamilar terms is provided at the back of the book.

L.A.M. 2015

Blow me

Torn, like a leaf from my Carpathian tree, I twist without control
Born high, blown north by this winter's wind by icy torrents cold
My breath punched from my gasping chest, my tears sharp as frost
'Neath me the world crumbles and blows away, I cannot count the cost.
I drop, as the current eddies and spin me to the smashing ground,
'Til raised again by jaws unseen, dizzily spun three times around.
Across the grey mountains beneath me, the rolling ocean's foam
Drenched by salt splash blinding, by lightning light I roam
My skin is diamond-ice brittle
it cracks as by the wind I'm turned,
As I tumble through the thunder light,
above the ground I've spurned.
I am shrieking like a raven,
blown, black shadow across the moon;
My song is blizzard, frost and misery, the song of summer's doom.
It is my fingers that pluck the trees, bare of their autumn glory,
And throw them high into the air
rip the words free from their story.
And as the leaves fall to the ground,
divorced free from all former meaning
My rain pisses them free from all shape,
they dissolve into the streaming.
And as I pass, the cold snow falls
the cold will crack the roots, the stones, the pipes.
The world sleeps, as I'm blown
so high, carried to where it likes.
The winter's love is a fierce embrace,
but one that always makes me randy.
They gave my love a name to hide within,
they called my love Sandy.
Though through me he blows his winter song,
I close my eyes in my wild spinning,
As though the leaves he has undress-ed me
This is our new begining.

Sufla-ma

Sfasiata, ca o frunza din copacul meu Carpatin, ma rasucesc fara control
Nascuta sus, suflata inspre nord de vantul iernii, de torenti reci de gheata
Respiratia mea batuta din pieptul meu gafait,
lacrimile mele ascutite precum gerul
Dedesubtul meu lumea se naruie
si se imprastie, nu pot sa concep costul.
Cad, in timp ce curentul se varsa
si ma rotesc catre pamantul zdrobitor
Pana ridicata din nou de falci nevazute,
ametita ma rasucesc de trei ori imprejur.
De-a curmezisul muntilor albi de sub mine,
se rostogoleste spuma oceanului
Udata de stropii sarati orbitori, prin lumina fulgerului cutreier.
Pielea mea este fragila ca diamantul de gheata, se crapa,
in timp ce sunt metamorfozata de vant
Pe cand ma rostogolesc prin lumina tunetului,
deasupra pamantului sunt impinsa.
Cantecul meu este viscol, ger si suferinta, cantecul de osanda al verii.
Degetele mele smulg copacii goi de gloria toamnei lor
Si-i arunca sus in aer, elibereaza cuvintele din povestile lor.
Iar pe cand frunzele lor cad la pamant, divortati de un fost inteles,
Ploaia mea ii spala liberi de orice fel de forma, ii dizolva in curent.
Si in timp ce calatoresc, ninsoarea rece se asterne,
frigul va rupe radacinile, pietrele, tevile.
Lumea doarme, pe cand sunt aruncata atat de sus,
ma transporta unde doreste.
Dragostea iernii este o imbratisare apriga,
dar una ce ma intarata intotdeauna.
I-au dat un nume dragostei mele, in care sa se ascunda,
mi-au numit dragostea Sandy.
Desi prin mine el isi sufla cantecul lui de iarna
Inchid ochii in rasucirea mea ratacita,
Ca si cum m-a dezbracat de frunze
Acesta este noul nostru inceput.

Beast

Why grows long this my hair, your dreams to catch and snare
To be tangled in a binding, tight before me
Bright-brown, thick and long, curled tight and curled strong
To keep you close, until you too will bore me.

Why grow long these nails, they are your freedom's nails
To hold you high upon my beating breast;
Their point is fine and sharp, let them make true their mark
As your heart is ripped free from your chest.

How strong grown are my limbs, free from frailty's whims
To chase my prey, beneath the midnight's moon
They are lissome and lithe, my joy to be alive
In the power they grant me, my boon.

Why grows my smile so wide, so that my face cannot hide
The secrets my heart longs to bury
On this seldom trod path
I cannot stifle my laugh
My enterprise makes me so merry.
So damp grows my sex, its desire's needs vex
The heat inside me steams free, this dark night
With a howl on all fours, I leap free from your door
And vanish in a blur from your sight.

In the dark, all night long you will hear my soul's song
As through the shadows, I too chase the beast
My love he is strong, and I join loud in his song
The sweetest on that I ever did feast.

So whilst empty my clothes, this is what I chose
The theatre is empty without me,
The roles we did play by night and by day
Will play better, now they are about me.

Bestia

De ce creste parul meu atat de lung, visele sa-mi fie prinse in el
Sa se incalceasca intr-un nod strans inaintea mea
Maro deschis, gros si lung, incretit strans si puternic
Sa te tina aproape, pana cand si tu ma vei plictisi.

De ce cresc lungi aceste unghii, sunt unghiile libertatii tale
Sa te tina sus la pieptul meu;
Detaliul lor este fin si ascutit, sa-si faca propria lor insemnare
In timp ce iti sfasie inima libera din piept.

Cat de puternic crescute sunt membrele mele,
eliberate de vreun capriciu fragil
Sa-mi vaneze prada, sub clar de luna
Sunt mladioase si sprintene, bucuria mea de a fi in viata
In puterea ce mi-o acorda, spre avantajul meu.

De ce imi creste zambetul atat de larg, ca fata mea sa nu se poata ascunda
Secretele ce inima mea nazuieste sa ingroape
Pe acest drum rar calcat, nu-mi pot stapani rasul
Cutezanta mea ma face voioasa.
Sexul meu creste jilav, dorintele nevoilor lui sunt necajite
Caldura dinauntrul meu fierbe libera, in aceasta noapte intunecata
Cu un urlet in patru labe, sar libera de la usa ta
Si dispar in ceata din privirea ta.

In intuneric, toata noaptea o sa auzi cantecul sufletului meu
Pe cand prin umbre si eu vanez bestia.
Dragostea mea este puternic, si ma alatur cu voce tare canteculi lui,
Cel mai dulce pe care l-am gustat vreodata.

Si in timp ce hainele-mi sunt goale, aceasta este alegerea mea
Teatrul este gol fara mine,
Rolurile ce le-am jucat zi si noapte
Vor fi jucate mai bine, acum ca sunt despre mine.

The Dragon of the Night

I can see the world,
From this mountain height
Around which I'm curled
Like the dragon of the night.

My wings were battle-won,
Grown through strife
Beneath moon, stars and sun,
I fought hard my whole life.

From egg to fry, I snuck
Sly-hid and crept,
Growing strong on good books,
And the sad tears I've wept.

Each friend's betrayal
A grim epiphany;
Each sad dismay
A new scar's victory.

My heart's grown hard
With my sorrow's bile
My armor's my guard
And my swift denial.

My hunger's grown greater
Than your small world's store.
I need to make you open
Your treasure house door.

And like all war's victims,
I too now must fight,
Least you brick me in
To what you believe is right.

Dragonul Noptii

Pot sa vad lumea,
Din inaltimea acestui munte
In jurul caruia ma ondulez
Ca dragonul noptii.

Aripile mele, au castigat batalii
Crescute prin carcota
Sub luna, soare si stele,
Am luptat din greu toata viata mea.

Din ou in pui m-am strecurat
M-am ascuns cu viclenie,
Si am crescut puternica prin carti bune
Si prin lacrimile triste ce le-am plans.

Fiecare tradare prieteneasca
O revelatie severa;
Fiecare spaima trista
O noua victorie a cicatricei.

Inima mea mea a crescut grea
Cu gustul amar al durerii ei
Armura mea este paznicul meu
Si negarea mea grabita.

Foamea mea a crescut mai mare
Decat magazinul mic al lumii tale.
Trebuie sa te fac sa-ti deschizi
Usa tezaurului tau.

Si ca fiecare victima de razboi
Si eu trebuie sa lupt acum
Ca sa nu cumva sa ma zidesti inauntru
Pentru ceea ce crezi tu ca este corect.

I am too fierce now
To be so constrained
I could not now allow you,
Your hope's soft chains.

So, a ruin you'll call me,
A black wind born blight,
For your love has made me
The dragon of the night.

Sunt mult prea feroce acum
Sa fiu constransa.
Nu as mai putea permite acum,
Lanturile moi ale sperantei tale.

Asa ca, ma vei numi o ruina
Un vant negru, nascut sa distruga
Pentru ca dragostea ta m-a facut
Dragonul noptii.

St. Nicholas

Rysakov threw the bomb
that killed the horse.
Grinevitsky threw the bomb
that turned Alexander's legs to ribbons,
before he could finish
the restoration of your tomb.
Such frustrated effort
in honor of a commemorative name,
whilst your bones escaped
their confinement,
and joined the merchant's party
in far off, sun kissed Bari.
The Necropolis of Myra
look out onto the harbor,
like dead skull eyes;
where the Murex grow gigantic,
now no King demands their purple.
Release the innocent
from their prison cells!
Whilst we are hungry,
preserve us from the temptation
of salting our children
to attract hungry guests,
when the plague bell sounds!
Let all the soldiers keep their heads!
We will need all the help we can get
to span our sails,
whilst this storm blows.
Feed our starving mouths
with grain from the winter store.
Break my window with a bag of gold,
lest my father sells me and my sisters
to unclean men
for want of a dowry.

Sfantul Nicolae

Rysakov a aruncat bomba
care a ucis calul.
Grinevitsky a aruncat bomba
ce a transformat picioarele
tarului Alexandru in panglici,
inainte ca el sa poata termina
repararea mormantului tau.
Un efort asa de dezamagitor
in onoarea unui nume comemorativ,
in timp ce oasele tale
au scapat arestul
si s-au alaturat petrecerii negustorului
departe, in orasul Bari, sarutat de soare.
Necropola de la Myra priveste catre port,
ca ochii unui craniu mort;
unde molustele Murex cresc uriase,
acum ca nici un rege nu le mai cere purpura.
Eliberati prizonierii nevinovati
din celulele lor!
In timp ce suntem infometati,
feriti-ne de tentatia
de a ne sara copiii
sa atragem musafiri flamanzi,
cand suna clopotul ciumei!
Lasati toti soldatii sa-si pastreze capetele!
Vom avea nevoie de orice ajutor putem primi
sa ne acoperim panzele,
in timp ce furtuna sufla.
Hraniti-ne gurile infometate
cu boabe din camara iernii.
Spargeti-mi fereastra cu o punga de aur,
daca nu cumva tatal meu ma vinde
pe mine si pe surorile mele
din dorinta de zestre.

We have not forgotten
though, an empty shoe
is all that remains.
Enjoy the orecchiette
and the Primitivo,
you could pick worse places
to crumble to dust.
But in my country,
a generous man
has a giant shadow.
And no matter how low
the setting sun,
we remember.

Nu am uitat insa,
ca un pantof gol este
tot ceea ce ramane.
Bucurati-va de orecchiette
si de Primitivo,
puteti alege locuri si mai rele
sa va faramitati in praf.
Dar in tara mea,
un om generos
are o umbra uriasa.
Si oricat de jos
este apusul de soare,
ne aducem aminte.

Wood!

From an acorn seed to the great oak's bole
How dark is the wood, the grain of my soul.
Stretched wide winter, my branching fingers keen
Catching the words, that around me stream.
In spring, the green and blossom hide my pretending shyness
My flower's scent, bees kiss me, though I now desire less.
The summer's months my bark splits with sudden growing
Lazy in the afternoon, all the birds' songs I'm knowing.
October turned from green to gold,
My nuts fall like a bullet rain
And on the forest's floor they sleep, begin the dream again.
Even when the axe breaks my back and I shiver and expire
I leave the world with useful bones and the heat, my raging fire.

Lemn!

De la o samanta de ghinda catre trunchiul de stejar
Cat de intunecat este lemnul, bobul sufletului meu.
Intins larg iarna, cu crengile ascutite
Sa prind cuvintele care siroiesc imprejurul meu.
Primavara, verdele si bobocii imi ascund timiditatea prefacuta
Albinele imi saruta mireasma florilor, desi acum imi doresc mai putin.
In lunile verii, coaja mi se rupe cu o crestere brusca
Dupa-amiezele mele sunt lenese, cunosc toate trilurile pasarilor.
Octombrie s-a schimbat din verde in auriu,
Alunele mele cad ca un glonte de ploaie
Si pe podeaua padurii dorm si incep sa viseze din nou.
Si chiar si cand toporul imi rupe spatele si tremur si ma sfarsesc
Parasesc lumea cu oase bune si caldura, urletul de furie al focului meu.

Lupercal

The moon above the cave is full,
The dog-heads douse their torches.
A trumpet blown, a bitch's skull,
The incense smoke, my eyes' scorches.
Two goats and a dog die beneath a falling knife
A great shout from the brothers echoes.
The blood with milk, their running life
Our forehead mark-made, composed
Our hair tied back with bloody thong
Our back, raw-red with skin of butchered goat
Barefoot, we race around the wall, in song
Our shout to wake the sleeping folk
Our mothers lashed with our bloody whip
Our virgins' smooth bellies blooded.
Our hags' toothless laughter as with us, they skip,
Though their feet are sore and mudded.
The husbands scowl and beat their drums
The priest's eyes roll in his reverie
My wife cries out, her dress undone,
My whip falls, as it will ever be.
Her tears of pain give way to tears of joy,
As my plough it parts her furrow.
My seed is planted deep, as I enjoy
The target hit by my arrow.
And as the sun climbs into the sky
And Lupercus blows hard on his pipe
The frosts will end and when the summer dies
I harvest my wife's belly here, so ripe.
A son to beat his sister and his mother too,
Or a daughter to take my blows
The hurt in love to make the new,
Is how our great family grows.

Lupercal

Luna este plina deasupra pesterii,
Capcaunii isi scufunda tortele.
Un suflat in trompeta, un craniu de catea,
Fumul de tamaie, arsurile din ochii mei
Doua capre si un caine mor sub lama unui cutit
Un strigat mare, de la frati rasuna.
Sangele cu lapte, viata lor mereu pe fuga
Fruntea noastra insemnata, linistita
Parul nostru prins la spate cu un elastic din piele sangeroasa
Spatele nostru, rosu crud cu pielea unei capre macelarite
In picioarele goale, ne intrecem in cantec, in jurul zidului
Strigatul nostru sa-l trezeasca pe cel ce doarme
Mamele noastre biciuite cu cravasa noastra sangeroasa
Burtile netede, ale virginelor noastre pline de sange
Rasul fara dinti, al babelor noastre, ce topaie cu noi odata
Desi talpile lor sunt inflamate si pline de noroi.
Barbatii lor se incrunta si bat tobele,
Ochii preotului se rostogolesc in reveria lui
Sotia mea plange, rochia ei desfacuta,
Biciul meu loveste, asa cum o va face intotdeauna.
Lacrimile ei de durere fac loc lacrimilor de bucurie,
In timp ce plugul meu ii despica brazda.
Samanta mea este plantata adanc, in timp ce
Ma bucur de tinta atinsa de sageata mea.
Si pe cand soarele urca in cer
Si Lupercus sufla tare in flautul lui
Inghetul se va sfarsi si cand vara se va termina
Voi recolta burta sotiei mele, atat de coapta aici.
Un fiu care sa-si bata sora si mama,
Sau o fiica sa-mi ia loviturile
Suferinta in dragoste pentru a face ceva nou,
Asa creste familia noastra.

The unbelievers die beneath lions' claws
With their holy ghosts, and virgins mysteries.
We will murder them with our resolution's force
And breed them out of our history.
My prisoner made his jailer's daughter see
But still, he fed the hungry lion.
She planted an almond tree by his grave's lee,
Upon which now, the roots, she cries on.
Same time, but a different temple stands
A ceremony of dreams, insecurity and fear
A ritual of conversation and holding hands
Of dressing up, dates, gifts and cheer.
No babies spring from these modern trysts,
No athleticism, sacrifice, rapes or beatings.
It is more than the slaughtered goat that's missed
Because, in essence, Lupercal is repeating.
For one day only, the young men make a fuss,
Their gifts and guile make us willing chattels.
Their whips are bath salts
And underwear for our bust,
And we follow their goad like cattle.
In the scented candle-land, so magical
They hoist our legs, once more into the air.
And whilst the pipe plays 'Lupercal',
Their pleasures are, like we were never there.
Whilst their seed is captured in their rubber bag
Or falls on chemically poisoned soil,
We transform into those that complain and nag
And perform the household's daily toil.
I don't want a man to whip me,
To announce his intent to breed.
But I can't help recognise what was still is,
Despite Valentinus' belief and creed.

Necredinciosii mor sub ghearele leilor
Cu fantomele lor sfinte si misterele lor virgine.
Ii vom ucide cu puterea fermitatii noastre
Si le vom face rasa sa dispara din istoria noastra.
Prizonierul meu a facut-o pe fiica temnicerului sa vada
Si totusi, a hranit leul infometat.
A sadit un copac de migdale la adapostul mormantului lui
Pe ale carui radacini plange.
Acelasi timp, dar un templu diferit
O ceremonie de vise, nesiguranta si teama
Un ritual de conversatie si tinut de mana
Dichisire, intalniri, daruri si veselie.
Nici un copil nu inmugureste din acest rendez-vous modern,
Atletism, sacrificiu, violuri sau batai.
Lipseste mult mai mult decat capra macelarita
Pentru ca in esenta, Lupercal se repeta.
Doar pentru o zi, tinerii barbati se agita
Cadourile si viclenia lor ne fac sclave binevoitoare.
Biciurile lor sunt saruri de baie si izmene pentru bustul nostru,
Si le urmam indemnul ca vacile.
In taramul lumanarilor parfumate, atat de magic
Ne ridica picioarele in aer, inca o data.
Si desi flautul canta 'Lupercal',
Placerile lor sunt ca si cum nu am fost niciodata acolo.
In timp ce samanta lor este prinsa
intr-un sac de cauciuc, sau cade pe sol otravit chimic
Ne transformam in acele ce se plang si cicalesc
Si executam treaba zilnica a casei.
Nu-mi doresc un barbat care sa ma biciuiasca,
Sa-si anunte intentia de a se inmulti.
Insa nu ma pot abtine sa nu identific
Ca ce a fost inca este,
In ciuda credintei si ritualului Sfantului Valentin.

Another Lupercal

I paint my face, sweat and miss my meals,
and you give me flowers for my pain.
My hair is scorched, pulled, cut, revealed,
like this dress that my breast cannot contain.
I gain three inches, in these tight shoes,
only mouse-steps in this skirt I can walk
I wear bright smiles to hide the blues
I smile, too polite to even talk.
I discretely laugh at the jokes you tell,
my made up eyes keep contact
I hope to place you in my spell,
before these graces you retract.
With cake and bells the contracts entered,
witnessed by our friends and kin.
We dance in the room's centre,
now our marriage does begin.
I am confident, with it in my mouth
I will ride you like a bull,
I will be mistress of this house,
no matter how long I need to pull.
For a ring of gold you take me,
and in love pretend to plant your seed.
You whisper me your desires,
listing all the things you need.
We travel briefly in new clothes,
we dance, we laugh, we sing.
With soap and paint make fresh our home
and make a new beginning.
The magic fades, I clean and fuck
and forget the words with which you won me.
I look out of my window for my luck
whose loss now has undone me.

Un alt Lupercal

Imi pictez fata, transpir si imi ratez mesele,
si tu-mi dai flori pentru durerea mea.
Parul meu este palit, tras, taiat, descoperit,
ca rochia aceasta pe care
sanii mei nu o pot cuprinde.
Dobandesc trei inch, in acesti pantofi stramti,
in aceasta fusta pot sa fac doar pasi de soarece
Port zambete deschise sa-mi ascund supararile
Zambesc, mult prea politicos sa pot vorbi.
Rad discret la glumele pe care le spui,
ochii mei plasmuiti stau in contact
Sper sa te asez in vraja mea,
Inainte sa-ti retragi aceste haruri.
Cu tort si clopotei au intrat invoielile,
asistate de prietenii si familia noastra.
Dansam in centrul camerei,
acum ca mariajul nostru incepe.
Am incredere, cu el in gura
ca te voi calari ca un taur, voi fi stapana acestei case,
indiferent cat de mult va trebui sa indur.
Ma iei pentru un inel de aur
si in dragoste te prefaci ca-ti plantezi samanta.
Imi soptesti dorintele tale,
enumerand toate lucrurile de care ai nevoie.
Calatorim in treacat in haine noi,
dansam, radem, cantam.
Cu sapun si vopsea improspatam noua noastra casa
si construim un nou inceput.
Magia dispare, fac curatenie, ma futi
si uit cuvintele cu care m-ai cumparat.
Ma uit pe fereastra, dupa norocul meu
a carui pierdere acum m-a ruinat.

The dreams I sought, as I grew
I have not yet attained.
The rainbow's color is just grey
I find my hopes restrained.
Why Valentine did you weave this cage?
My wings they ache for want of flight
My joy is silent beneath my rage,
beneath him, every Tuesday night.
My first child hurt, my second ached;
too many ways I need to please him.
I blink and twenty long years' needs
make me forget my desire to leave them,
the good life, the Lupercal I danced.
My neighbours say I'm blessed
to achieve so much real romance,
and hide that I'm depressed.
So sisters, when they beat you on February
with perfume, chocolate and their blooms
there was another path just as true,
that needs not end in gloom.
Whilst a good companion can make
the road an ongoing pleasure,
why just one your thirsts to slake,
when the world is full of treasure.

Visele pe care le-am cautat, pe cand cresteam
inca nu le-am dobandit.
Culoarea curcubeului este doar gri,
sperantele mele sunt restranse.
Sfantule Valentin, de ce ai tesut aceasta cusca?
Aripile ma dor de dorinta de a zbura
bucuria mea tace sub furia mea,
sub el, in fiecare marti seara.
Primul meu copil m-a durut,
al doilea m-a chinuit; in prea multe feluri trebuie sa-l satisfac.
Clipesc din ochi si nevoile a douazeci de ani lungi
ma fac sa uit dorinta mea de a-i parasi,
viata buna care am avut-o, dansul de Lupercal.
Vecinii mei spun ca sunt binecuvantata
sa realizez atat de multa dragoste adevarata
si sa imi ascund depresia.
Deci dragi surori, cand va bat in Februarie
cu parfumuri, ciocolata si florile lor
a fost o alta cale la fel de adevarata,
ce nu este nevoie sa se termine in tristete.
In timp ce o companie buna poate face
un drum o placere continua,
de ce doar una singura sa-ti potoleasca insetarile,
cand lumea este plina de comori.

Ishtar

Why does he run and climb and fight?
To what stars sets he, his prow?
It is the treasures I share with him each night,
As I split, beneath his rising plough?
What calms his rage, his angry words?
What distracts him from his furies?
It is my eyes that flash like jungle-birds,
That hide him from his worries.
Who made the things he's dreaming of?
Who forged his willing goad?
It was me, who made this dream of love,
And who set his feet on this road.
What tamed this wildest of the beasts?
How did his savage habits break?
My kisses became his daily feast
Through them I did domesticate.
If only I could teach him to share,
Or to speak when our love is done
I hold tight to his mane,
When his teeth he does bare
His fur shines like the new morning sun.
His tale might still with tension wave,
And his claws might yet my skin tear.
I hope I can be both strong and brave
So long as I live here, in his lair.
They call me the star of the evening time,
They call me capricious and cruel,
But I've always time to drink with you sweet wine,
And to teach you new things, in my school.
And in the cave where once you did drag your feast,
With magic, I make a man from the beast.

Ishtar

De ce fuge el si se catara si lupta?
Spre ce stele isi indreapta corabia?
Sa fie comorile ce le impartasesc cu el
In fiecare noapte, in timp ce ma despic
Sub plugul lui crescator?
Oare ce ii calmeaza furia, cuvintele lui inversunate?
Ce il distrage de la maniile lui?
Ochii mei, ce stralucesc ca pasarile junglei
Sunt cei ce il ascund de grijile lui.
Cine a creat lucrurile pe care le viseaza?
Cine a forjat imboldul lui binevoitor?
Eu sunt cea care a construit acest vis de dragoste
Si care i-a indreptat picioarele pe acest drum.
Oare ce a imblanzit aceasta fiara salbatica?
Cum au fost infrante obiceiurile lui nedomesticite?
Sarutarile mele au devenit ospatul lui zilnic,
Prin ele m-am domesticit si eu.
Doar daca as putea sa-l invat sa impartaseasca,
Sau sa vorbeasca cand facem dragoste.
Ma tin strans de coama lui, cand isi dezvaluie dintii
Blana lui straluceste ca soarele diminetii.
Coada lui poate inca mai falfaie agitata,
Si ghearele lui inca imi mai pot sfasia pielea.
Sper sa pot sa fiu curajoasa si puternica
Atata timp cat traiesc aici, in vizuina lui.
Mi se spune luceafarul noptii,
Mi se spune capricioasa si cruda,
Dar intotdeauna am timp sa beau cu tine vin dulce
Si sa te invat lucruri noi, in scoala mea.
Si in pestera unde candva ti-ai tarat ospatul
Cu magie, fac dintr-o bestie un barbat.

Mother Of The Forest

The October wind cuts me knife-sharp
freezing my bones beneath my winter coat
pulled-tight, my shivering. A graveyard jump,
as a street dog barks, yellow-lit by the fire
the pale evening drug addicts have lit,
whilst they gamble what little they have left,
cooking their mici on the communal steel drum fire.

A very old woman stops me.
Her skin, hard like tree bark
she grabs my arm, stopping me in the wind.
"Give him to me,"
I reach into my bag and give her
the cardboard she craves.
Her dark eyes fill with tears,
as she cradles the cardboard roll in her arms,
like a nursing child.

"Muma, come warm yourself by the fire," the addicts cry.
"Copilul meu, copila mea," the old woman sobs,
rocking on her haunches.

Above the city the mountains stand bare,
shivering, without their coats on.
Their trees all cut, and their soil
clean, washed away by the autumn rain.
Nowhere now for Muma Padurii
to build her dirty little nest or to gather the cones,
over which to cook our stolen children.

Muma cries, as the cardboard burns.
The addicts shiver in the wind, despite the heat
Muma pokes the embers of the fire, with her long hard fingers

Muma Padurii

Vantul lui Octombrie ma taie ca un cutit ascutit,
inghetandu-mi oasele sub haina de iarna
incordata, tremur. Un tresarit din cimitir,
pe cand un caine maidanez latra,
luminand galben pe langa foc
seara palida ce drogatii au aprins,
in timp ce pariaza putinul ce le-a ramas
gatind mici pe focul din tamburul de otel.

O femeie foarte batrana ma opreste.
Pielea ei, tare ca scoarta de copac
ma apuca de brat, oprindu-ma in vant.
"Da-mi-l,"
Caut in geanta mea si-i ofer cartonul ce-l tanjeste
Ochii ei intunecati plini cu lacrimi,
in timp ce leagana ruloul de carton in brate,
ca un copil ingrijitor.

"Muma, vino si incalzeste-te la foc," drogatii striga.
"Copilul meu, copila mea," batrana plange
balansandu-se cocosata.

Deasupra orasului muntii stau goi,
tremurand, fara haine pe ei.
Copacii lor toti taiati si pamantul lor
inecat de ploaia toamnei.
Nici un loc pentru Muma Padurii
sa-si construiasca micutul ei cuib murdar
sau sa-si adune conurile,
peste care sa gateasca copiii nostri furati.

Muma plange, pe cand cartonul arde.
Dependentii tremura in vant, in ciuda caldurii
Muma impunge taciunii aprinsi, cu unghiile ei lungi si tari

All her babies butchered for parquet,
behind the double glazing,
safe from the hunger of the winter night.
The street dogs bark beneath the moon
Muma is eating something warm with a bitter taste
whilst she stares up at my neighbor's window, scowling.

Toti copiii ei macelariti pentru parchet,
in spatele geamurilor termopane,
feriti de foametea noptii de iarna.
Cainii comunitari latra sub clar de luna
Muma mananca ceva cald cu gust amar,
in timp ce se holbeaza la fereastra vecinului meu.

Blajini Logic

My bad Blajini is dancing,
she is drunk and shouting loud.
The scandals she is making,
have drawn close a hungry crowd.
Her nails are long and dirty
her hair is slick with grease.
She is reckless and so flirty,
full of dangerous caprice.

My bad Blajini hooks up her skirt,
her cave is black and hairy.
She rubs it with the mud and dirt,
the gathered crowd grow wary.
Her cur blows like a forest horn
the smell makes the watchers cry.
She dances through their ready scorn,
their protest she does defy.

My bad Blajini at last is still
the crowd, they gather closer.
She complains she's tired and feeling ill
and that all she wants is some closure.
Then with both hands slick with shit
she leaps for their surrounding faces
they cannot dodge her, she's too quick
they fall 'neath her dirtiest embraces.

My feet trace hers, my opposite laughs,
as I read out the nervous thing I wrote
she walks boldly her inverted path,
sailing an ocean, in her dirty boat.

Logica lui Blajini

Nerusinata mea Blajini danseaza,
este beata si striga cu voce tare.
Scandalurile ce le creaza
au ademenit multimea infometata si mare.
Unghiile ei sunt lungi si murdare
parul ei este intins cu unsoare
este nesabuita si cocheta,
plina de moft periculos.

Nerusinata mea Blajini ridica sus fusta
pestera ei neagra si paroasa
cu noroi si praf frecata
multimea ramane surprinsa
curul ei striga ca un corn de padure
mirosul indeamna multimea sa planga.
Danseaza Blajini prin a lor dispretuire,
curiozitatea lor ea o sfideaza.

Blajini a mea in sfarsit s-a potolit
multimea, de ea se apropie incet.
Se plange ca se simte rau si a obosit
si ca tot ce vrea este o concluzie.
Cu ambele maini de cacat mazgalite
se salta spre fetele lor inconjuratoare.
Nu o pot prinde, este prea fierbinte
si cad sub imbratisarile ei murdare.

Picioarele mele o urmeaza, opusul meu rade,
in timp ce incep sa citesc poezia mea, agitata.
Pe langa un ocean furios ce-i surade,
paseste indrazneata, calea ei inversata.

My bad Blajini looks at her reflection
and sees what her work has done.
She smiles at my doubts and imperfection,
'neath the bloodstain that is her sun.

God made us both at the same time,
and should I e'r in my mission fail
my bad Blajini patient waits beneath my feet,
flicking her restless tail.

Nerusinata mea Blajini priveste a ei reflexie
si vede ce a facut munca ei.
Zambeste la a mea ametita imperfectie
sub urma de sange ce este soarele ei.

Dumnezeu ne-a creat pe amandoua odata
si de-mi voi esua vreodata misiunea,
Blajini a mea cu nerabdare asteapta,
scuturandu-si nelinistita coada.

All Hallows' Eve

You say, be frightened of witches,
lest they catch and cook me in their pot.
But I'm more scared of the bastard bankers,
who stole all my family ever got.
You say, be scared of vampires with their
mind-control, and their need to suck.
I'm more fearful of my boyfriend
who drunken beats me, when we decide to fuck.

You say, don't let the Devil in
with his depravities, lies and vice.
But I think my vote counted for him,
even though they counted twice.
You say, don't talk to strangers,
for you don't know where they've been.
But they always pay me in dollars
and they are, mostly very clean.
You tell me not to walk alone
and tell me what might catch me.
For all the lies you told me growing up
there's nothing that can match me.
You say don't walk the graveyard path,
for the ghost will stir and chase you.
I don't care what the dead dream of now
I just worry who does embrace you.

If I'd not slipped away in my pajamas
they would have fried my brains.
You paid them, so I would be harmed,
'til compliant I became.
But I fought the drugs they gave me,
and with my bruised bare feet I ran
away from my captivity,
without design or plan.

Ajunul Tuturor Sfintilor

Voi spuneti, sperie-te de vrajitoare, ca nu cumva
sa ma prinda si sa ma gateasca in oala lor.
Dar mai teama imi este de bancherii ticalosi,
ce au furat tot ce a avut vreodata familia mea.
Voi spuneti, inspaimanta-te de vampiri,
cu controlul lor de minti si nevoia lor sa suga.
Imi este mai frica de iubitul meu,
ce ma bate beat, cand decidem sa ne futem.

Voi spuneti, nu primi Diavolul
cu depravarile, minciunile si perversitatile lui.
Dar eu cred ca votul meu a contat pentru el,
chiar daca au numarat de doua ori.
Voi spuneti, nu vorbi cu straini
ca nu sti pe unde au umblat.
Dar mereu ma platesc in dolari
Si sunt, in general foarte curati.
Imi spuneti sa nu merg singura pe drum
si ce m-ar putea prinde.
Cu toate minciunile ce mi le-ati spus crescand
nu exista nimic cu care sa ma potrivesc.
Voi spuneti, nu pasi in cimitir
caci stafia te va starni si te va urmari.
Nu-mi pasa despre ce viseaza mortii acum
ma ingrijorez doar de cine te imbratiseaza.

Daca nu scapam in pijamale
mi-ar fi prajit creierii.
I-ai platit sa-mi faca rau
pana cand am devenit supusa.
Dar am luptat cu drogurile pe care mi le-au dat
si cu talpile mele goale, vinete am fugit
Departe de captivitatea mea,
fara vreun proiect sau plan.

Breathless, in the darkness
with only dogs for company
I found myself hungry on the midnight street,
astonished that I was free.
So, with the dogs I now make my home
beneath the moon, this All Hallows' Eve.
What care I for witches?
There are worse things, I believe.

Fara respiratie, in intuneric
doar cainii de companie
M-am gasit flamanda pe strada, la miezul noptii,
uluita ca eram libera.
Asadar, cu cainii imi fac acum casa mea
sub luna, de acest Ajun al Tuturor Sfintilor.
Ce-mi pasa mie de vrajitoare?
Sunt lucruri mai rele decat astea.

Clio

The Goddess of History
has sleep in her eyes.
Her fridge is full of half
eaten food, past its sell-by date.
Her body is made from
the reflections, retrospections
and consideration of
the living people,
of the world's thoughts,
of the generations,
that preceded them.
She wishes she had more energy,
but only the grey hairs
give her much life
before they too
become the focus
of her consideration.
Though her gender is
female, distinctly male
characteristics can be
observed in her costumes
and movement.
Her martial activity shimmers
with sharp definition.
The crowns she wears
and the altars on which
she's worshipped loom
into a cascade of
sharp-focus slide shows,
dancing around her like
an aurora nimbus.
The lives of the farmers,
the inventors of words
the simple working people

Clio

Zeita Istoriei
are somn in ochii ei.
Frigiderul ei este plin
de mancare pe jumatate
mancata, trecuta de
data de vanzare.
Trupul ei este facut
din reflectii, retrospective
si consideratie pentru
oamenii ce traiesc,
pentru gandurile omenirii,
pentru generatiile precedente.
Isi doreste sa fi avut
mai multa energie,
dar numai firele de par alb
ii dau multa viata
pana cand si ele devin
punctul focal al consideratiei ei.
Desi sexul ei este feminin,
caracteristici masculine distincte
pot fi observate
in hainele si miscarea ei.
Activitatea ei martiala straluceste
cu o definitie ascutita.
Coroanele ce le poarta
si altarul pe care este venerata
se contureaza intr-o cascada
de prezentari de folii
cu focalizare precisa,
dansand in jurul ei
ca o aurora nimbus.
Vietile fermierilor,
inventatorii cuvintelor
oamenii muncitori simpli

from the last two million
years of human history
sleep on nameless in her
train. No memory of how
many trees they've felled
fields they ploughed
children they bore
meals they cooked
bills they paid
jokes they shared
tears they wept remains.
Only the special people,
their mouths stuffed with
silver spoons command
her dance. Their privilege
is as coherent as their
desperate posthumous
demand for definition,
before they too enter
the shadow place.
What would this world
be like, if everyone
mattered? If everyone's
life was recorded?
Clio is looking forward
to her old age, the voices
of her favored families
are getting lost in the
scrabbling cacophony
of the world waking up.
You have given us
fifteen minutes.
They all shriek,
but we'd like
a little bit more.
Clio puts her arms
around Pandora,

din ultimele doua milioane
de ani de istorie umana
dorm fara nume in trenul ei.
Nu-si amintesc
cati copaci au doborat
cate campuri au arat
cati copii au purtat
cate mese au gatit
cate facturi au platit
cate glume au impartasit
cate ramasite de lacrimi ce au plans.
Doar oamenii speciali,
gurile lor umplute
cu linguri de argint
poruncesc dansul ei.
Privilegiul lor
este pe atat de coerent
pe cat este cererea lor
postum disperata pentru claritate,
inainte ca si ei sa intre
in locul umbrit.
Cum ar fi aceasta lume,
daca fiecare dintre noi ar conta?
Daca viata fiecaruia dintre noi
ar fi inregistrata?
Clio deabia asteapta
sa imbatraneasca,
vocile rudelor ei preferate
se pierd in cacofonia mazgalita
a omenirii ce se trezeste.
Ne-ai oferit
cincisprezece minute.
Toti chiuie,
dar am dori
putin mai mult.
Clio isi intinde bratele
imprejurul Pandorei,

47

whose red eyes weep
for the monsters
she has released;
all the paedophiles, cannibals,
identity thieves and
violators of privacy.
Clio hugs her and
reminds her what lay
at the bottom of her box...
Hope.

ai carei ochi rosii
plang pentru monstrii
ce i-a eliberat;
toti pedofilii, canibalii,
hotii de identitate
si violatorii de intimidate.
Clio o imbratiseaza
si ii reaminteste ce
se afla la fundul cutiei ei...
Speranta.

Samca

Deep, deep in the ruined city's darkest night
The moonlight suddenly falls down like a silver water.
For an instant, the concrete walls are turned to stone
The yellow wasteland weeds are blooming secret flowers
And the graffiti on the walls becomes an incantation,
That the street dogs sing, as the moonlight
maddens them
With the promise of the night land to come.

As the moths dodge the swooping bats
A whisper is heard above the buzz of their wings
And the paper whistle of their squeaking predators
A birth? A death?

An old bufnita marks the midnight hour
whilst a fat Samca sits on Ana's shoulder,
pulling her hair, whilst the baby
refuses to be born.

Mircea has borrowed enough money
to bribe the doctor to attend.
The doctor is playing a cruel game
And is drinking tuica in the street,
asking is it worth his while to climb the stairs
to Mircea's flat, whilst Ana screams.

The flashing yellow ambulance light
alarms the baby who stiffens his spine,
the bufnita cries and the Samca laughs
twisting Ana's ear in her claw,
greedily licking her tears with her stinky tongue.

Samca

Adanc, adanc in noaptea cea mai intunecata
a orasului ruinat
Lumina lunii coboara ca o apa argintie.
Pentru o clipa, peretii de beton sunt schimbati in piatra
Uscaturile galbene deserte inmuguresc flori secrete
Si graffiti de pe pereti devine o incantatie
Pe care cainii maidanezi o canta,
In timp ce lumina lunii ii innebuneste
Cu promisiunea de venire a pamantului innoptat.

Pe cand moliile se eschiveaza de liliecii atacatori
O soapta se aude deasupra bazaitului aripilor lor
Si fluierul de hartie al guitatului predatorilor lor
O nastere? O moarte?

O bufnita batrana marcheaza miezul noptii
in timp ce o Samca grasa se aseaza
pe umarul Anei, tragand-o de par,
in timp ce copilul refuza sa se nasca.

Mircea a imprumutat suficienti bani
sa mituiasca doctorul sa fie prezent.
Doctorul joaca nemilos si bea tuica in strada,
intrebandu-se daca se merita sa urce scarile
la apartamentul lui Mircea, in timp ce Ana tipa.

Lumina galbena sclipitoare a ambulantei
alarmeaza copilul ce-si intepeneste spinarea,
bufnita plange si Samca rade
rotind urechea Anei in ghiara ei,
lingandu-i lacom lacrimile cu limba ei lipicioasa.

Mircea is at his wits end.
Last week, his mother Ilinca,
who runs the local shop
through her front window
collapsed hitting her head, unable to move.
'She had a good life,' we said.
She is fifty one.
Three packs of Kent puffed a day,
since she was nine.
'She had a good life,' we shrug
because we don't mean it.
We know how hard she lived and raise our glasses.
She has been in bed all week,
blinking furiously with her left eye,
watching the Dog Whisperer on TV.

Mircea wants to tell her that her son,
his younger brother, Stefan
died of a heroine overdose
when he heard of Ilinca's stroke.
But he wants her to see her grandchild.

Ana is screaming, the doctor has dropped his glasses
on the floor and is looking for them,
and the Samca is bouncing on Ana's belly.
The dogs bark, the bufnita is silent,
a baby cries in the darkest night.

Mircea este la capatul puterilor.
Saptamana trecuta, mama lui, Ilinca
ce administreaza magazinul local prin fereastra
din fata casei ei, s-a prabusit lovindu-si capul
si ramanand neputincioasa la pamant.
'A avut o viata buna,' am zis noi.
Are cincizeci si unu de ani.
Trei pachete de Kent pufaite pe zi,
de cand avea noua ani.
'A avut o viata buna,' ridicam din umeri
pentru ca nu intentionam ce spunem.
Stim cat de greu a trait si ridicam paharele sus.
A stat in pat toata saptamana,
clipind furios cu ochiul ei stang,
urmarind Cezar si cainii la televizor.

Mircea vrea sa-i spuna ca fiul ei,
fratele lui mai mic Stefan, a murit
de supradoza de heroina
cand a auzit de atacul cerebral al Ilincai,
dar isi doreste ca ea sa-si cunoasca nepotul.

Ana tipa, doctorul si-a scapat ochelarii pe jos
si ii cauta, iar Samca sare pe burta Anei.
Cainii latra, bufnita este tacuta,
un copil plange, in cea mai intunecata noapte.

Zmeu

He whispered sweet words in the night
from the fire place, sweet words that made me
blush and smile, making him room,
as he climbed into my bed smoking.

His nails were hot, as they touched my skin
raking my responses to his matchbox bitter kisses
his teeth full of sulphur, the tears in my eyes.

In the morning he was gone
with nothing but a necklace
of small cuts and bruises,
ashes in my sheets,
and a zmeu in my belly.

My father beat me for being so foolish
my mother cried, as she packed my suitcase
they said I needed to go, as they pushed me
down the soot black stairs, behind the grate
to the other place, below.

In the dark, I could hear the roaring water
the river made from the tears
of a thousand foolish girls,
who lose all that was good in them,
for the whispered promise
of the relentless zmeu.

Zmeu

A soptit cuvinte in timpul noptii
din semineu, cuvinte dulci
ce m-au facut sa rosesc si sa zambesc,
facandu-i loc, pe cand sarea
in patul meu fumegand.

Unghiile lui erau fierbinti, pe cand imi atingeau pielea
inclinandu-mi raspunsurile catre saruturile
amare ale cutiei lui de chibrituri
Dintii lui plini de sulf, lacrimile din ochii mei.

In zorii zilei era plecat
cu nimic altceva lasat decat un colier
de taieturi mici si vanatai,
cenusa in cearsafurile mele
si un zmeu in burta mea.

Tatal meu m-a batut pentru ca am fost asa naiva
mama mea a plans, in timp ce imi impacheta valiza.
Mi-au spus ca trebuie sa plec, pe cand m-au impins jos
pe scarile negre pline de funingine
in spatele gratarului, dedesubt, catre celalalt loc.

In intuneric pot auzi apa zgomotoasa
raul creat din lacrimile a o mie
de fete naive, ce pierd tot ce a fost
bun in ele, pentru promisiunea
soptita a zmeului neanduplecat.

I found him in his garden,
basking in the glowing coal,
bright in the inky black.
"So what's this, your mother sent me?"
he said, snatching my suitcase.
"Just some salt, for your supper."

I cried, as he shook our
little zmeu out of my belly.
It fell laughing into the fire,
where all my human weakness
was burnt from his red skin
with a twist and a roll.

I dived deep into the black water,
and deaf to his pleas
swam back to the world with a sky.

One day he might come looking
with his cinder tread and soft promises.
But the skin I wear now is a wiser skin
than the one I left in his pinching claws.

I am a fish born of the falling water
I made sure that the block
I moved into had central heating.

L-am gasit in gradina lui,
bronzandu-se in carbunele dogoritor,
stralucind in cerneala neagra.
"Deci, ce mi-a trimis mama ta?"
a zis el, smulgandu-mi valiza.
"Doar niste sare, pentru cina ta."

Am plans, pe cand mi-a scuturat
micutul nostru zmeu afara din burta.
A cazut razand in foc,
unde toata slabiciunea mea umana
a fost arsa din pielea lui rosie
cu o rasucire si o rostogolire.

M-am scufundat adanc in apa neagra
si surda la motivele lui
am inotat inapoi catre lumea cu cer.

Intr-o zi poate va veni sa ma caute
cu umbletul lui catranit si promisiunile lui tandre.
Dar pielea ce o port acum este o piele mai inteleapta
decat cea pe care am lasat-o in ghearele lui ciupitoare.

Sunt un peste nascut din apa curgatoare
m-am asigurat ca blocul in care m-am mutat
avea centrala de caldura.

Moonlight

I am dreaming in the moonlight
Its bright beams score my face
In the grass, I see her dancing
In this, her special place

She is swirling with strange dancers
She is laughing with her eyes
The music's loud and does entrance
This watcher, whose words do try

To capture her in her rapture
To bind her heart to mine
But my words will never capture
Her, so I offer her my wine

She stops her dancing and she smiles
And puts her arms around my head
And free from all my guiles
She smiles at what I said

Her hair burns like an autumn fire
Its light is dancing in her eyes
The wind blows its ash to the stars strewn sky
Beneath which I find I lie

The music starts, she moves away
Again she joins the dance
For I think she loves to play
Beyond the reach of my romance

Lumina Lunii

Visez in lumina lunii
Razele ei luminoase imi cresteaza fata
O vad dansand in iarba,
In acest loc special, al ei

Se invarteste cu dansatori necunoscuti
Rade cu ochii ei
Muzica este zgomotoasa si farmeca
Acest observator, ale carui cuvinte incearca

Sa o capteze in incantarea ei
Sa-i uneasca inima cu a mea
Dar cuvintele mele nu o vor prinde niciodata
Asa ca ii ofer vinul meu

Se opreste din dans si zambeste
Isi incolaceste bratele in jurul capului meu
Si libera de toate vicleniile mele
Surade la ce am spus

Parul ei arde ca focul toamnei
Lumina lui danseaza in ochii ei
Vantul ii sufla cenusa spre cerul presarat cu stele
Dedesubtul caruia descopar ca ma aflu

Muzica incepe, ea se indeparteaza
Se alatura dansului din nou
Cred ca adora sa se joace
Dincolo de atingerea dragostei mele

I sip the sweet wine and stand to join her
I step forward and the music ends
I am alone, here by this water where
The reedy rushes bend

I smell her perfume in the air
The ground warm where once she trod
She is beyond me and my care
Her smile's the face of God

And to my knees I sink in prayer
Beneath the shining stars so bright
I wake, but still see her shining, smiling there
Still bathed in her moonlight

Sorb vinul dulce si ma ridic sa ma alatur ei
Pasesc in fata si muzica se opreste
Sunt singur aici, de aceasta parte a apei
Unde trestiile mladioase se indoaie

Ii miros parfumul in aer
Pamantul unde a calcat ea candva este cald
Este dincolo de mine si grija mea
Zambetul ei este chipul lui Dumnezeu

Si in genunchi ma scufund in rugaciune
Sub stelele atat de stralucitoare si luminoase
Ma trezesc, dar inca o vad sclipind, zambind acolo
Inca scaldata in lumina lunii ei

I'm still dreaming in the moonlight

I'm still dreaming in the moonlight,
My fire's grown red with ash
The breeze blows the embers bright
A question I must ask.

She lifts her eyes to look at me
She cocks her head and stares
All the words I had, have now run free
And around us gather bears.

They are hungry, they are growling
They have gathered up my running words
Now round the shadow line they are prowling
Because of what they heard.

She lies down in the grasses
To the bears I start to walk
And for whatever now passes
My words I need to talk.

The bears stand up as I near them
They wear my words like clothes
As I get closer, I can hear them
For it is me that they loathe.

I ask them what's their problem
They tell me it is me.
She is laughing by the fireside
Beneath the spreading, fire-lit tree.

So I run into their circle
They chase me from the fire
To the riverside we make our chase
Her laughter, their desire.

Inca visez in lumina lunii

Inca visez in lumina lunii,
Focul meu a crescut rosu cu cenusa
Briza sufla taciunii deschisi
O intrebare ce trebuie sa chestionez.

Isi ridica privirea sa se uite la mine
Isi trage capul si se holbeaza
Toate cuvintele ce le-am avut, acum alearga libere
Si in jurul nostru aduna ursi.

Sunt infometati, maraie
Au adunat cuvintele mele sprintene
In jurul umbrei se perinda
Din cauza a ce au auzit.

Ea se intinde in ierburi
Catre ursi incep sa merg
Si indiferent de ce se petrece acum
Cuvintele-mi trebuie sa vorbesc.

Ursii se ridica pe cand ma duc spre ei
Imi poarta cuvintele ca pe haine
In timp ce ma apropii, ii aud
Pentru ca pe mine ma detesta.

Ii intreb care este nemultumirea lor
Imi raspund ca eu sunt
Ea rade langa foc
Sub flacara aprinsa, raspandita a copacului.

Asa ca fug in cercul lor
Ei ma urmaresc din foc
Catre rau ne urmarim
Rasul ei, dorinta lor.

By the river, there we wrestle
All snapping teeth, words and claws
The bears then start laughing too
As I am knocked down to the floor.

As I wake a bear he sits on me
And looks down over his snout
He says that she is not for me
But beneath him, I now shout.

For in the fight, all my words
With stealth I have recovered
The bears have forgotten who I am
Myself I have recovered.

I lift off the bear, sleepy now
To the fireside I return
She has gone dancing in the trees
The ashes no longer burn.

The things I sought to whisper here
Will wait another night
But softer will I speak to her
Beside my fireside, here so bright.

The louder shout of love I make
The tender words of care
Need to be whispered here
Lest again, I attract the bears.

And in the cool dawn grasses, I awake again
And rub clean my sleepy eyes
Until the moon paints again my eyes
And I shed this damn disguise.

Acolo, pe langa rau ne luptam
Toti dintii rupti, cuvinte si ghiare
Apoi si ursii incep sa rada
Pe cand sunt trantit la pamant.

In timp ce ma trezesc, un urs sta asezat pe mine
Si priveste in jos peste botul lui
Imi spune ca ea nu este pentru mine
Dar sub el, acum eu strig.

Caci in lupta, toate cuvintele mele
Cu hotie le-am recuperat
Ursii au uitat cine sunt
Pe mine insumi m-am regasit.

Ridic de pe mine ursul, acum adormit
Catre caminul de foc ma intorc
Ea s-a dus sa danseze in copaci
Cenusa nu mai arde.
Lucrurile pe care le-am cautat sa le soptesc aici
Vor astepta inca o noapte
Insa mai duios ii voi vorbi ei
Langa caminul meu de foc, atat de luminos.

Pe cat de zgomotos fac strigatul de dragoste
Pe cat de tandre cuvintele mele de afectiune
Trebuie sa fie soptite aici
Ca nu cumva, sa atrag ursii din nou.

Ma trezesc in ierburile racoroase ale zorilor din nou
Si-mi curat ochii adormiti
Pana cand luna imi picteaza din nou ochii
Si-mi revars aceasta infatisare afurisita.

We will yet, dance in this wood
With flowers in our hair
But it is her face that I will kiss
And not those bloody bears.

Si totusi vom dansa in acest codru
Cu flori in parul nostru
Dar chipul ei este cel pe care-l voi saruta
Si nu acei ursi blestemati.

A sleeping giant wakes

The summer's past, the shadow's hung
The leaves grown brown and the lark's song sung
Back to beginnings and beyond ends
By enemies tables and tombs of friends
In this new country, by riverside rich
I plant my flag on Edwin's ditch.

Old battles fought in forgotten wars
Same as it ever was once before
Surrounding ghosts come urge me on
To where the dead boar's standard shone
And turning pages haunt my corner eye
That sees all that, that will not die.

A trade, a trade is all I've learned
A new life lost, and a husband I've spurned
I have no friend to ease the while
But am pushed from pillar-post to trial
And with half-lid eye, see the sideways things
That promise to lend my heart
Their leathern wings to fly beyond imagining
To where a younger heart can sing
But out of the other, something dreadful stirs
Beyond my hopes, my fears, my cares
A challenge thrown before tired legs
Foot-sore travail and grey-grown head
And so the landscape begins to shake
For the sleeping giant, at last awakes
Head full of lore, a mountain climbed
Around whom a path doth wind
A stair I climbed high in my youth,
In my liberty, my hope, my truth
And from such height, I see the woman
Who is the soul that yet, I am.

Un gigant adormit se trezeste

Vara a trecut, umbra este atarnata
Frunzele au crescut maro si cantecul ciocarliei este cantat
Inapoi la inceputuri si dincolo de sfarsituri
Pe langa mesele dusmanilor si mormintele prietenilor
In aceasta tara noua pe langa raul bogat
Imi plantez steagul pe santul lui Edwin.

Batalii vechi luptate in razboaie uitate
La fel cum a fost dintotdeauna
Fantome imprejmuitoare vin sa ma indemne
Spre steagul stralucitor al mistretului mort
Si pagini intoarse imi vaneaza coltul ochiului
Ce vede toate acele, ce nu vor muri.

Un negot, un negot este tot ce am invatat
O viata noua pierduta si un sot ce l-am dispretuit
Nu am nici un prieten sa-mi treaca vremea usor
Dar sunt impinsa dinspre cutia postala spre proba
Si cu ochii pe jumatate deschisi, vad cealalta parte a lucrurilor
Ce promit sa imprumute inimii mele
Aripile lor de piele, sa zboare dincolo de inchipuire
Unde o inima tanara poate canta
Dar din necunoscut, starneste ceva ingrozitor
Dincolo de sperantele, temerile, grijile mele
O provocare aruncata inaintea picioarelor obosite
Cu picioare inflamate de truda si par alb crescut
Peisajul incepe sa se agite
Caci Gigantul adormit, intr-un final se trezeste
Cu capul plin de invataturi, un munte catarat
In jurul caruia un drum se incolaceste
O treapta ce am urcat-o sus in tineretea mea,
In libertatea, speranta, sinceritatea mea.
Si de la asa inaltime vad femeia
Ce este sufletul, ce inca sunt.

King Gregor's Land

So far from home, my land, my sun bright shore
I've left my mountain's garden treasure store.
Where rivers run thick with the fattest fish
And God grants them that pray their fondest wish.
I cast off smiles, assume a studied frown,
Lower my gaze 'neath my antennae crown.
I move my hips to shake my fake, false legs
And I root for gold, here, amongst the dregs.
The hive I'm in, it never, ever sleeps
It's gloom-lit orange, where its beetles creep.
As one shift stops, the next one bitter wakes
Bashing on through the broken world they make.
I hide deep in a cloak of shadow lies
And like a mime dance, deep in my disguise.
I cannot speak of why I truly am,
I wish I could or even had a plan.
The beetle land is deep under the crust,
Orange-lit tunnels made from spit and dust.
Beetle people below, both sides, above
Buzzing "yesterday," "all you need is love."
The stags trumpet their territorial bark
Mandibles swaying in the midnight dark.
A push, a nip, a carapace is torn
Survivors to the hospital are gone.
Dead, King Gregor nods, he yet sleeps in grace
He, whose past world transformed his race
Whilst his wings for flight, they never grew,
He never saw what we are made to do.
The stags make their noise and advances,
Dead, King Gregor sees the form of their dances.
They watch me, I dance my appreciation,
Like an ant in a termite nation.
They shrug, bored, my lack of skill or flair
'Til 'neath their notice I'm no longer there.

Taramul Regelui Gregor

Atat de departe de casa, pamantul meu, tarmul meu luminat de soare
Am parasit magazinul de comori al gradinii muntelui meu.
Unde raurile curg gros cu cel mai gras peste
Si Dumnezeu le ingaduie celor ce se roaga cea mai vie dorinta.
Arunc zambete, insusesc o incruntare studiata,
Imi cobor privirea sub coroana mea de antene.
Imi misc soldurile sa-mi scutur picioarele false
Si scotocesc aur, aici, printre deseuri.
Stupul in care ma aflu, nu doarme niciodata
Este portocaliu slab luminat, unde carabusii se furiseaza.
Pe cand o tura se opreste, urmatoarea se trezeste amara,
Continuand prin lumea destramata ce o construiesc.
Ma ascund adanc intr-o pelerina de umbre si minciuni
Si ca un mim dansez, adanc in deghizarea mea.
Nu pot vorbi despre ce sunt cu adevarat,
Imi doresc sa pot sau macar sa am un plan.
Taramul carabusilor este adanc sub coaja,
Tuneluri portocaliu aprinse, facute din scuipat si praf.
Oamenii carabusi dedesubt, in amandoua partile, deasupra
Zumzaie, "yesterday," "all you need is love."
Radastele trambiteaza latratul lor teritorial
Mandibulele lor se balanseaza in intunericul noptii.
O apasare, o ciupitura, o carapace este rupta
Supravietuitorii au plecat la spital.
Regele mort Gregor da din cap, desi doarme in gratie
El, a carui lume trecuta i-a transformat rasa,
Pe cand aripile lui de zbor nu au crescut niciodata
Nu a vazut niciodata ce suntem meniti sa facem.
Radastele fac zgomote si avansuri
Mort, Regele Gregor le vede stilul de dans
Ma privesc, cum dansez in apreciere
Ca o furnica, intr-o natiune de termite.
Dau din umeri, plictisite de lipsa mea de talent si fler
Pana cand observa ca nu mai sunt acolo.

Ladybirds fill my ears with their chatter,
With words full of things that cannot matter.
The affairs, the children, infertile eggs
Grace, and rasp of longer, hairless legs.
Dead King Gregor's eyes follow their talk
Their sniper glances, as they make their walk.
He wonders if they will fill his sleeping need
His dreaming wish, share his beetle's seed.
They all watch me with their six legs arching,
As around me, on their toes they're marching.
Their Margaritas drunk, their perfumes' hoard
Their herding swarm, beneath their empty word.
My antennae crown, it chafes, it itches
My false legs, they fail to fool these bitches.
'Neath mandible, they begin to whisper
But they don't quite see the bigger picture.
My greatest weapon, their attention span
Who cannot catch enough of who I am.
Their boredom gives me time enough to make,
A thankful and well-deserved escape.
I walk past nurseries of their crawling grubs
Or through the flashing hell light of their clubs.
I watch the wars between the rival hives
And lose count of all the lost beetle lives.
In his palace, our dead King Gregor stirs
Who died 'fore he understood his curse.
His body changed but his poor mind forgot
He tried to adapt, but just could not.
He was only the first, so the rest did follow
He rules the land beneath ours, made hollow.
Beneath our land, his cities they have spread
Despite that their borrowed king is still dead.
In his dead beetle body, his ghost eyes cry
Beneath the painted orange beetle sky.

Buburuzele imi umplu urechile cu ciripitul lor,
Cu cuvinte pline de lucruri ce nu conteaza.
Aventurile, copiii, ouale nefertile
Eleganta si razuirea picioarelor mai lungi, neparoase.
Ochii Regelui mort Gregor le urmareste cuvintele
Ochirile lor lunetiste, pe cand inainteaza.
Se intreaba daca ii vor umple nevoia adormita
Dorinta lui visatoare sa-i impartaseasca samanta.
Toti ma privesc, cu cele sase picioare ale lor arcuindu-se
Pe cand imprejurul meu, pe varfuri marsaluiesc.
Si-au baut cocktailurile,
S-au stropit cu aroma unui tezaur de parfumuri,
S-au adunat impreuna, sub sunetul cuvintelor lor goale.
Coroana mea de antene se freaca, ma mananca
Picioarele mele false, esueaza sa le pacaleasca pe aceste catele.
Sub falca, incep sa sopteasca
Dar nu au o vedere in ansamblu.
Arma mea cea mai mare, durata atentiei lor
Ce nu pot captura destul cine sunt cu adevarat.
Plictiseala lor imi ofera suficient timp
Sa fac o evadare recunoscatoare, bine meritata.
Merg pe langa pepinierele larvelor lor taratoare
Sau prin lumina infernala intermitenta a cluburilor lor.
Privesc razboaiele dintre roiurile rivale
Si pierd evidenta tuturor vietilor de carabusi pierdute.
In palatul lui, Regele nostru mort Gregor freamata
A murit inainte sa-si inteleaga blestemul.
Trupul lui s-a schimbat, dar mintea lui a uitat
A incercat sa se adapteze dar n-a reusit
A fost doar primul, ceilalti l-au urmat
Domneste pamantul sec de sub al nostru.
Sub pamantul nostru orasele lui s-au imprastiat
Cu toate ca regele lor imprumutat este inca mort.
In trupul lui mort de carabus, ochii lui invizibili plang
Sub cerul de carabusi portocaliu pictat.

My slow, creeping progress has brought me close
To where dead King Gregor keeps his silent ghost.
"King Gregor, I bring you a dream of pain
I bring starlight, laughter and summer rain.
I bring you the sadness of a lonely day,
I bring you the joy of children at play.
Beneath your old shell, your heart song still beats,
Beneath your sharp horns, your eyes still can weep.
Come, fly free from your cave, your falsest home
Come back to the place you can call your own".
Around me, the beetles crashed their angry wings,
As I now sought to steal their borrowed king.
Beaten by the winged wind, through the cave dark
The memory of light was my guiding spark.
Round me, beetle voices whispered, "Get back"
They could not grasp what it was I lacked.
For when King Gregor saw the silver moonlight,
In the dark, Romanian, velvet night
Without a single word, his spirit fled,
To where his human body, made its bed.
And the price I paid, in this, my mission
Is the assumption of Gregor's condition.
No false legs dangle from my woman's hips,
Six limbs like Gregor's, with spikes at their tips.
In Gregor's rescue, I find myself lost
No friend here to stand the pain and cost.
So farewell moon, starlight and brightest leaf
For now I make my home below, beneath.

Progresul meu incet de tarare m-a apropiat de locul
Unde Regele mort Gregor isi tine fantoma tacuta.
”Rege Gregor, iti aduc un vis de durere
Lumina stelelor, ras si ploaie de vara.
Iti aduc tristetea unei zile singuratice
Bucuria copiilor cand se joaca.
Sub coaja ta batrana, cantecul inimii tale inca rasuna
Sub coarnele tale ascutite, ochii tai inca plang.
Vino, zboara liber din pestera ta, casa ta falsa
Intoarce-te la locul ce-l poti numi al tau.”
In jurul meu, carabusii si-au prabusit aripile nervoase
Pe cand caut acum sa le fur regele imprumutat.
Batuta de vantul inaripat, prin intunericul pesterii
Amintirea luminii a fost scanteia mea calauzitoare.
In jurul meu, vocile carabusilor soptesc, “Intoarce-te inapoi”
Nu pot intelege ce mi-a lipsit.
Caci atunci cand Regele Gregor a vazut lumina argintie a lunii
In intunericul noptii romanesti, catifelate
Fara vreun cuvant, spiritul lui a zburat
Unde trupul lui de om si-a asezat patul.
Si pretul pe care-l platesc in aceasta misiune a mea
Este presupunerea starii lui Gregor.
Nici o pereche de picioare false
nu se leagana din soldurile mele de femeie
Sase membre ca ale lui Gregor, cu tepi la varfuri.
In salvarea lui Gregor, m-am pierdut
Nici un prieten aici sa-mi suporte durerea si costul.
Deci, ramas bun luna, lumina a stelelor
si frunza cea mai stralucitoare
Caci acum imi fac casa mai jos, dedesubt.

Paparuda's raindrop drum

The raindrop drum fills the racing beat;
the world, its rise it grabs you
The race you run to hold your place,
safe from those who seek to stab you
With their killing beaks, snatch you
from life, the swimming instant
The rise grown dark, I'm spun around 'til
I can no longer count the distance.
Higher borne beyond the bank, down paths
and through dark doorways
All empty save for the discarded dead,
who whisper me their stories.
This carpet's new! This river never floods,
that's what the agent told me.
No warning. It was an Act of God.
I wish someone would hold me.
This was my father's summer field,
where we gathered the first hay
Where the ballista broke the chariot's wheel,
to the Brigantes' sudden dismay.
Here's where the wild pigs we hunt.
I was the old hawthorn hedge,
Where the bright birds made their nests
in my thorns, by this river's edge.
Paparuda, their hair is thick and dark,
once it was black and frizzy
And blonde and sometimes darkest red.
Who can keep track, it makes me dizzy.
I kick my tail, swim through the ruin,
the flood that has disturbed them
Counting claim 'gainst claim, soaked,
where the water flow has stirred them.

Toba picaturii de ploaie a Paparudei

Toba picaturii de ploaie umple bataia accelerata;
lumea, inaltimea ei te captureaza
Cursa ce o alergi sa-ti pastrezi locul,
in siguranta de cei ce cauta sa te injunghie
Cu ciocurile lor ucigase, sa te smulga
de la viata, momentul de inot cand
Apa crescuta s-a innegrit, sunt invartita
pana cand nu mai pot socoti distanta.
Purtata sus, dincolo de mal, pe drumuri
in jos si prin usi intunecate
Totul gol in afara de mortii aruncati,
ce-mi soptesc povestile lor.
Acest covor este nou! Acest rau nu se revarsa
niciodata, asta mi-a spus agentul.
Fara avertizare. A fost un Act al lui Dumnezeu.
As vrea sa ma imbratiseze cineva.
Acesta a fost campul de vara al tatalui meu,
unde a cules primul fan
Unde balista a rupt roata carutei,
catre spaima brusca a Brigantilor.
Aici vanam porcii salbatici.
Am fost primul boschete de paducel,
Unde pasarile stralucitoare si-au facut
cuiburi in tepii mei, la marginea acestui rau.
Paparuda, parul lor este gros si inchis,
candva a fost negru si cret
Si blond si cateodata rosu inchis.
Cine poate sa tina ritmul? Ma ameteste.
Imi lovesc coada, inot printre ruine,
inundatia ce le-a deranjat
Numar reclamatie dupa reclamatie, ude,
unde debitul de apa le-a agitat.

Like a spoon in a cauldron pot,
their fleshless bones make a dismal clatter
Believing that their suits are sound,
and that their dead words still matter.
The drowned streets beneath the tide
grow dim, for want of hope or air
And the silts borne by the water's sink,
a sticky cloak made of despair.
On islands still some survivors shriek,
calling for someone to take the blame
their government blame the socialists
and the socialists do the same.
"This foreign water's got a funny taste,"
they cry, "is it safe to drink?"
"We don't need more water here,
it's the thin end of the wedge I think!"
I am a fish of the falling water,
where the current grows us strong,
Lest our bodies break on hard sharp stones,
in the falling thunder song.
We are small and fierce jumpers,
our eyes are keen and bright.
Paparuda's raindrop drum she sounds,
we fall down, down through the flooded night
Racing down the mountain valleys,
our fat cousins swept out to the sea
Through your windows and your gardens
explore your ruined indignity.
The raindrop drum is still,
we climb back to our mountain home
Where the water runs clear and chill
to our thunder and sharp, black stone.
Who cares then where the first raindrop fell,
or how wide here was the flood?
The silt we leave you in our wake
will make the new plants all grow good.

Ca o lingura, intr-un cazan,
oasele lor fara carne fac un zanganit sumbru
Crezand ca argumentele lor sunt solide
si cuvintele lor moarte inca au importanta.
Strazile inecate sub maree se intuneca,
de dorinta de speranta sau aer
Si namolurile purtate de scufundarea apei,
o manta lipicioasa facuta din disperare.
Pe insule, niste supravietuitori inca tipa,
asteptand sa dea vina pe cineva
guvernul lor arunca vina pe socialisti si socialistii fac la fel.
"Apa aceasta straina are un gust ciudat,"
se plang, "este buna de baut?"
"Nu mai avem nevoie de apa aici,
este capatul subtire al penei!"
Sunt un peste al apei curgatoare,
unde curentul ne creste puternici,
Ca trupurile noastre sa nu se rupa
de pietrele grele ascutite,
in cantecul cazator al tunetului.
Suntem mici si saritori aprigi, ochii nostri
sunt pasionati si stralucitori.
Toba picaturii de ploaie a Paparudei rasuna,
cadem, prin noaptea intunecata
Alergand prin vaile muntilor,
verisorii nostri grasi sunt maturati spre mare
Printre ferestrele si gradinile voastre
explorand indignarea voastra ruinata.
Toba picaturii de ploaie s-a potolit,
urcam inapoi spre casa noastra de munte
Unde apa curge curata si racoroasa
la tunetul nostru si piatra neagra, ascutita.
Cui ii pasa atunci unde a cazut prima picatura de ploaie
sau cat de larga a fost inundatia aici?
Namolul pe care vi-l lasam in trezirea noastra
va face noile plante sa creasca toate bune.

When you employ the men to sweep
your sticky streets clean again,
Will you ask them where do they
come from, mountain, land or plain?
You will forget, as your ghosts resume
their sleep in the flooded rich soil,
As you resume the burden
of your endless and selfish toil.
Who knows what you would have built
instead in the summer sun,
Before again, Paparuda
beats her raindrop drum.

Cand angajati barbatii vostri
sa va curete strazile lipicioase
Ii veti intreba de unde vin,
munte, pamant sau camp?
Veti uita, pe cand fantomele voastre
isi vor continua somnul in pamantul bogat inecat,
in timp ce voi va reluati povara
trudei voastre nesfarsite si egoiste.
Cine stie ce-ati construit
in schimb in soarele verii,
Pana cand din nou, Paparuda
bate toba picaturii ei de ploaie.

Serpii Casei at election time

Fat Frumos seats awkwardly in his counting house
Head held high, on his golden chair.
His hair is grey and Ileana lies dead buried
Her golden hair, her mourning bed and coverlet.
Like a toad, surprised beneath his stone,
Fat Frumos looks left, looks right,
Scanning the crowd for a friendly face.
Next door, in the legislative chamber,
the street dogs are singing
"Awaken thee Romania, from that deathly sleep
Into which you've been sunk by barbarian tyrants!"
Fat Frumos starts at every floor board creak
On his lap, his grey gloves quiver, twitching.
All the money from you that he stole
Sits squeezed into two old leather suitcases
Already tagged with labels describing a new name
Ready for Fat Frumos to drag them to his escape plane
Waiting for the early morning mist to clear at Otopeni.
Soon, he will be smoking cuban cigars
Having breakfast with some whores
On his hotel's balcony, overlooking the sea
Laughing the laugh that bastards, who get away with it laugh,
Until the secret police bash down the door, to take him away.
If he's careful, and inconspicuous in the Casino
He might survive three years in paradise, before they catch him.
He feels a cold breeze on the back of his neck, and shivers.
High in the mountains in the north,
Muma Padurii is writing a list of the names,
of her dead children, sawn into planks to make Ikea parquet.
Her claws scrape the veneer floor, in her tidy nest
Through the holes in her lichen slippers.
She says nothing, but the scratch of her pencil
Is the sound of memory.

Serpii casei la momentul alegerilor

Fat Frumos sta stangaci in casa lui de contabilitate,
Cu capul sus ridicat, pe tronul lui de aur.
Parul lui este alb si Ileana sade moarta ingropata
Parul ei auriu, patul ei de doliu si plapuma.
Ca o broasca raioasa, surprinsa sub piatra ei,
Fat Frumos priveste la stanga, la dreapta,
Scaneaza adunarea pentru o fata familiara.
Alaturi, in camera legislativa, cainii maidanezi canta
"Desteapta-te romane, din somnul cel de moarte,
In care te-adancira barbarii de tirani!"
Fat Frumos tresare la fiecare scartait de podea
In poala lui, manusile lui albe tremura, zvacnesc.
Toti banii pe care vi i-a furat
Stau inghesuiti in doua valize de piele vechi
Deja etichetate cu un nume nou
Gata pentru Fat Frumos sa le tarasca in planul lui de evadare
Asteptand ceata diminetii sa dispara, la Otopeni.
Curand, va fuma tigari cubaneze
Va lua micul dejun cu niste curve
Pe balconul hotelului lui, cu vedere la mare
Razand rasul pe care il rad nemernici care scapa,
Pana cand serviciile secrete ii darama usa sa-l salte.
Daca este atent si neremarcat in Cazino
Ar putea supravietui trei ani, inainte sa-l prinda.
Simte o adiere rece la spatele gatului si tremura.
Sus in munti, in nord,
Muma Padurii scrie o lista de nume, a copiilor ei morti,
Taiati in scanduri, sa faca parchet pentru Ikea.
Ghiarele ei freaca podeaua smaltuita, in cuibul ei curat
Prin gaurile din papucii ei de lichen.
Nu spune nimic, dar zgarietura creionului ei
Este sunetul amintirii.

Fat Frumos is biting his nails
And hoping the twitch in his eyebrow
Is not visible.
Deep below the ground,
Below the mountains, in the west
Valvele Bucatelor of Rosia Montana
Join the diaspora wearing their black coats.
They weep, as their golden holes
Are flushed with steam and cyanide,
By their poisoning neighbours above,
As their wealth melts away
Sucked westwards over the oceans, into deeper wallets.
The last one shouts, as he blows out the candle,
"We will remember this"
And shaking his fists, the light goes out.
Fat Frumos cries, "it was not my fault"
"Now let us give proof to the world that
in these hands of our Roman blood still flows,"
sing the street dogs.
In the East, Inecatele cough, as their hair tangles
With the dying reeds of the Delta
Their choir, out of tune
The waters of the river poisoned
Its fish gasping for breath,
As the rain gathers the pesticides
That the farmers can't afford to buy,
Which destroys the soil
And has turned all the river folk to women.
In the fields, now no bees
buzz among the sunflowers
Their furry bodies piled high
With those of their friends, the Lele,
Whose light has grown dark
Whose wings no longer work
Reduced to cannibal barbarism,
Eating the poisoned carcasses

Fat Frumos isi musca unghiile
Si spera ca ticul nervos din spranceana lui
Nu este vizibil.
Adanc sub pamant,
Sub munti, in vest
Valvele Bucatelor din Rosia Montana
Se alatura diasporei, purtand haine negre.
Plang, pe cand gaurile lor de aur
Sunt spalate cu apa calda si cianura
De catre vecinii lor de deasupra ce-i otravesc
In timp ce averea lor se topeste
Purtata spre vest, peste oceane, in portofele mai adanci.
Ultimul striga, in timp ce sufla in lumanare,
"Ne vom aminti asta"
Isi scutura pumnii si lumina se stinge.
Fat Frumos exclama, "nu a fost vina mea"
"Acum ori niciodata sa dam dovezi la lume
Ca-n aste mani mai curge un sange de roman,"
canta cainii maidanezi.
In Est, Inecatele tusesc, pe cand parul lor
Se incalceste cu papurisul mort al Deltei.
Corul lor, dezacordat
Apele raului otravit
Pestele-i fara respiratie
In timp ce ploaia aduna pesticidele
Pe care fermierii nu-si pot permite sa le cumpere,
Ce distruge pamantul si a transformat
Toata populatia raului in femei.
Pe camp, nici o albina nu bazaie printre floarea soarelui
Trupurile lor imblanite ingramadite
Cu cele ale prietenelor lor, Lelele,
A caror lumina s-a intunecat
A caror aripi nu mai zboara
Micsorate la barbarism canibalic
Mancand carcasele otravite ale albinelor dulci

Of the sugar sweet bees
Dragging their useless wings behind them
Cursing the farmers, with every sour mouthful
Of their former friends.
"A life of freedom or death,"
shout the street dogs next door.
Fat Frumos shivers; he turns his eyes away
From the hormone maddened hens
Chasing their cocks around the farmyard.
He looks away when he sees the horse
Dragging the cart, spitting blood into the dusty gutter.
The house snakes have slid
Their secret bodies somewhere else;
Maybe to the lands of the barbarian tyrants,
And one by one, until they became
An army of sleepwalkers.
The children have all gone with them
Forsaking the tomatoes, the roast pork,
The sweet wines of their fathers' land.
Fat Frumos, high on his golden chair
Ignores his country's future
Stacking supermarket shelves
Somewhere unsmiling,
Beneath a pale sky, far away.
Fat Frumos doesn't know what to say
In her deep place, below the ground,
His Blajini whispers in her sleep.
"Do they dance there, so far away?
I cannot hear them, they are so far from home."
"I hear that they drink and fight,
Until all the sense has left them," Fat Frumos replies.
"What songs to they sing each other
In the moonlight, there, so far away," the gentle Blajini asks.
"They celebrate the glory of war
And imagine themselves like they are rams,
And the rest of the world, their ewe."

Tarandu-si aripile moarte in urma lor
Blestemand fermierii, cu fiecare gura acra
A fostilor lor prieteni.
"O viata de libertate sau de moarte,"
striga cainii de alaturi.
Fat Frumos tremura;
Isi intoarce ochii
De la gainile innebunite de hormoni
Ce-si alearga cocosii prin curte.
Intoarce capul cand vede calul
Tragand cartul, scuipand sange
In santul plin de praf.
Serpii casei si-au strecurat trupurile secrete altundeva;
Poate spre taramurile barbarilor de tirani
Si unul cate unul, pana cand devin
O armata de somnambuli.
Copiii au plecat toti cu ei
In cautarea rosiilor,
A fripturii de porc,
A vinurilor dulci, de pe pamantul tatilor lor.
Fat Frumos, sus pe tronul lui de aur
Ignora viitorul tarii lui
Asezand rafturile magazinelor
Undeva nesurazator,
Departe, sub un cer palid.
Fat Frumos nu stie ce sa spuna
In locul ei, adanc sub pamant,
Blajini a lui sopteste in somn.
"Danseaza acolo, atat de departe?
Nu-i pot auzi, sunt atat de departe de casa."
"Am auzit ca beau si se lupta
Pana la ultima picatura de ratiune," raspunde Fat Frumos.
"Ce cantece isi canta, acolo, departe?" intreaba blanda Blajini.
"Sarbatoresc gloria razboiului
Si-si imagineaza ca sunt berbeci
Si restul lumii mioare."

"What makes their hearts smile then
In the cold place, so far away?"
"The nakedness of painted women,
And the miseries of the suffering poor," sighs Fat Frumos.
"What makes their mouths grow wet?"
"Meat and beer, cheese and sweets,
The food of the dead."
"It sounds like a land of sorrow,
And hardship for our people," Blajini says,
Flicking her nervous tale
In the dark cave, deep below the palace.
Outside, the Novaci patrol the empty streets
Reminding the people,
By shouting through the windows
How the people should use their vote,
Adding with a sinister whisper
That the Zmeu has been recording
All of their daughters phone calls.
"We'd rather die in battle,
In elevated glory
Than be slaves once more
In our ancestral land,"
sing the street dogs.
Capcaun climbs down from the rooftops
His eyes are blinking, his dog snout sniffing
Abandoned his ceremonial tour of duty,
Punishing the disrespectful children
To join his junior colleague, Bau Bau for a drink.
The barman's sister is stripping in the corner
But no one is watching
They've all seen her moves many times before.
Bau Bau looks like he's been crying,
His red eyes look sore.
"Good evening," says Capcaun "sorry I'm late,
The elections have brought me more work,
And we're a bit understaffed at the moment."

"Ce le incanta inimile atunci
In locul rece, atat de departe?"
Goliciunea femeilor pictate
Si suferintele saracilor," ofteaza Fat Frumos.
"Ce le uda gurile?"
"Carne si bere, cascaval si dulciuri, coliva."
"Suna ca o tara a durerilor,
Si greutati pentru oamenii nostri," spune Blajini,
Scuturandu-si coada nervoasa
In pestera intunecata, adanc sub palat.
Afara, Novacii patruleaza strazile goale
Reamintindu-le oamenilor, strigand prin ferestre
Cum ar trebui sa voteze
Adaugand cu o soapta sinistra
Ca Zmeul a inregistrat
Convorbirile fiicelor lor.
"Mai bine murim in lupta,
In glorie mareata
Decat sa fim sclavi inca o data
In pamantul nostru antic,"
canta cainii maidanezi.
Capcaun coboara de pe acoperis
Ochii ii clipesc, botul lui de caine adulmeca
Si-a abandonat turul ceremonial de obligatii
Pedepsind copiii obraznici
Si s-a alaturat colegului lui,
Bau Bau la un sprit.
Sora barmanului se dezbraca intr-un colt
Dar nimeni nu o urmareste
I-au vazut toti miscarile de multe ori.
Bau Bau arata de parca a plans
Ochii lui rosii arata iritati.
"Buna seara," spune Capcaun
"imi pare rau ca am intarziat
Alegerile mi-au adus mai mult de lucru
Si nu avem suficienti angajati momentan."

"Tell me about it," says Bau Bau, draining his palinca.
Capcaun orders his drink and scans the gloomy bar
He's exhausted, his shift never seems to end
And he takes home barely enough
To feed himself, never mind his pack.
"The thing is," says Bau Bau, "when you kill a King,
You have a reasonable expectation that the next one
Will make some effort to behave himself."
Capcaun nods in agreement,
"I was at the graveyard last week
And I met the old King."
"What did he say?" asks curious Bau Bau.
"Well, I asked him, if he wanted his old job back
And he said, "Best tell them,
I'm not to be disturbed,
I'm in a business meeting, somewhere hot
With very uncomfortable office furniture."
"The lucky bastard...," says Bau Bau
Pouring himself another drink from the bottle.
"What do you think about the new ones," asks Capcaun.
"Midgets in high shoes.
One of them is so stupid
He has to wear shoes without laces
In case he strangles himself.
Another, so brutish, I'm surprised
He doesn't wear boxing gloves all the time,
And the other, looks like
The man who bought your house
When you couldn't pay your rent."
Capcaun drinks his palinca, grinning.
"What the Romanian people forget,
When the wolf kills your enemy
It does not make him your friend.
All these dwarves are worthy of the hate they inspire.
Look at them, they are like Zmeu in the fire
Making the heat so hot

"Mie-mi zici," raspunde Bau Bau inghitind palinca.
Capcaun isi comanda spritul si masoara barul mohorat
Este extenuat, tura lui pare sa nu se mai termine
Si ia acasa cu el suficient abia
Sa se hraneasca pe el, cu atat mai mult haita lor.
"Treaba este," adauga Bau Bau "cand omori un Rege,
Ai o asteptare rezonabila ca urmatorul
Va face un efort sa se comporte."
Capcaun aproba din cap,
"Am fost la cimitir saptamana trecuta
Si am intalnit fostul Rege."
"Si ce-a spus?" intreaba curios Bau Bau.
"L-am intrebat daca isi vrea vechiul servici inapoi
Si a raspuns, "spune-le sa nu ma deranjeze
Sunt intr-o intalnire de afaceri, undeva cald
Cu mobila de birou foarte necomfortabila."
"Ticalosul norocos...," spune Bau Bau
Turnandu-si inca un pahar din sticla.
"Ce parere ai despre cei noi," intreaba Capcaun.
Pitici in pantofi mari.
Unul dintre ei este atat de prost
Incat trebuie sa poarte pantofi fara sireturi
In caz ca se sugruma.
Altul, atat de grosolan,
Ma surprinde ca nu poarta
manusi de box tot timpul.
Si celalalt, arata ca barbatul
Care ti-a cumparat casa
Cand nu ai putut sa-ti platesti chiria.
Capcaun isi bea palinca ranjind.
"Ce uita romanii,
Daca lupul ti-a omorat dusmanul
Nu inseamna ca este prietenul tau.
Toti acesti pitici sunt demni de ura ce o inspira.
Uita-te la ei, sunt ca Zmeul in foc
Face caldura atat de fierbinte

So that no one can think."
Bau Bau looks at his friend,
"If I had eyes, I would cry," he says in a quiet voice.
In the shouting room, next door
Fat Frumos hears the street dogs
Passing the old King's crown
Around the room, wondering
Which battered hound's head
Will look the most convincing
On the balcony, tomorrow morning
When the people come to have a look at him.
There were many anxieties
About Fat Frumos' qualities
And qualifications for the job.
They overlooked his sharp teeth and bushy tale,
When he first sat in the golden chair.
They never asked to see his hard bitten nails,
Beneath his grey gloves.
On the golden chair, he squeezes his eyes
Tightly shut, so he will not see the ruin
That his work has visited, on his forest home.
He holds his gloves over his ears
So he will not hear the silence of the villages,
Whose children have left,
The babas knitting hats
For their dead husbands.
He numbs his tongue
With an important cigar,
So he can't taste the sorrow in every mouth,
Full of his country's food.
And he hopes the smoke
Masks his musk with its perfume,
So we will not smell his terror
Of being pulled from his bed, from his sleep.
He told us his name was Fat Frumos
And how he will bring back the golden time

Ca nimeni sa nu poata gandi."
Bau Bau se uita la prietenul lui si sopteste
"Daca as avea ochi, as plange."
In camera vecina, unde se tipa
Fat Frumos aude cainii maidanezi
Circuland coroana vechiului Rege
Imprejurul camerei, intrebandu-se
Ce cap de caine ponosit
Va arata cel mai convingator
Pe balcon, maine dimineata
Cand oamenii vin sa ii arunce o privire.
Erau multe framantari
Despre calitatile lui Fat Frumos
Si calificarile lui pentru serviciu.
I-au omis dintii ascutiti si coada stufoasa,
Cand a stat prima oara in scaunul de aur.
Nu au cerut niciodata sa-i vada unghiile muscate
Sub manusile lui albe.
Pe scaunul de aur, isi strange ochii
Bine inchisi, sa nu vada naruirea
Creata de munca lui, la casa lui din padure.
Isi acopera urechile cu manusile
Sa nu auda linistea din sate,
A caror copii au plecat,
Babele ce croseteaza caciuli
Pentru sotii lor morti.
Isi amorteste gura
Cu un trabuc important,
Sa nu guste durerea din fiecare gura,
Plina de mancarea tarii lui.
Si spera ca fumul
Ii mascheaza moscul cu mireasma lui,
Sa nu poata mirosi teroarea
De a fi tras din pat, din somnul lui.
Ne-a spus ca numele lui este Fat Frumos
Si ca va aduce inapoi epoca de aur

And that we would walk
The proud path through the golden wheat
With vine leaves woven, in our hair.
Behind his smoke curtain,
His mask of sly words
We see he is Balaur,
Sucking all the sustenance from the land
With his seven greedy mouths,
Like a great black leech.
When Sarpele Casei leaves the house
Curling her secret, smooth body
Through the dust, to somewhere else
The inhabitants of the home will be haunted
By bad dreams, grow mad and die.
Serpii Casei have left the homes
And the people of Romania
Are tormented by bad dreams
As Balaur's seven unworthy candidates faces
Push themselves forward
In the street dogs' shouting room.
No matter which face the camera captures
The sickly grin is the same
Whilst the other six faces gorge themselves
On my country's sustenance
Swelling their common body,
Like a bloated sack of squandered wealth.
Beneath the palace,
In the cave below the ground
The gentle Blajini of Balaur
Is wondering why her children
Work as slaves in the rain and snow.
She wonders who made the call
And why the children did follow
Why the old ways become forgotten.

Si ca vom merge pe drumul mandru
Printre spicele de grau
Cu frunze de vie tesute in par.
In spatele perdelei de fum,
Masca lui de cuvinte viclene
Vedem ca este Balaur,
Ce suge toata hrana de pe pamant,
Cu cele sapte guri lacome ale lui
Ca o lipitoare neagra mare.
Cand Sarpele Casei pleaca de acasa
Ondulandu-si trupul secret si matasos
Prin praf, in alta parte
Locuitorii casei vor fi bantuiti
De vise urate, vor innebuni si vor muri.
Serpii Casei si-au parasit casele
Si cetatenii Romaniei
Sunt chinuiti de vise urate
Pe cand cele sapte fete
Candidate nevrednice ale lui Balaur
Se impung inainte
In camera de tipete a cainilor maidanezi.
Indiferent ce fata prinde camera
Ranjetul gretos este acelasi
In timp ce celelalte sase fete se indoapa
Cu bogatia tarii mele
Umflandu-si corpul lor comun,
Ca un sac umflat de averi risipite.
Sub palat, in pestera de sub pamant
Blanda Blajini a Balaurului
Se intreaba de ce copiii ei
Lucreaza ca sclavi in ploaie si ninsoare.
Se intreaba cine a dat ordinul
Si de ce copiii l-au urmat
De ce metodele vechi sunt uitate.

I reply that I know we will come home
Dancing, when Fat Frumos returns
From the lands down below.
The old, skinny Blajini turns in her sleep,
In the cave below the world.
Her stomach is rumbling
She's not eaten in days
She's muttering something,
Something important
But the only one who can hear her
Is too busy eating food
Someone else has cooked,
With his seven mouths.

Raspund ca stiu ca ne vom intoarce
Dansand, cand Fat Frumos se intoarce
Din tarile de sub pamant.
Blajini cea slaba si batrana se intoarce in somn,
In pestera de sub omenire.
Stomacul ei chioraie
Nu a mancat de zile intregi
Bolboroseste ceva,
Ceva important
Dar singurul care o poate auzi
Este prea ocupat sa manance mancarea
Gatita de altcineva,
Cu cele sapte guri ale lui.

Fabulous bird

What would you tell me, old fabulous bird,
if the secrets of the universe
were written in the colours of your plumage?
The bird stops his pecking and peers at me,
first with one eye, and then the other.
With a cough, the bird clears his throat,
unaccustomed to speaking to such dull ears.
"I would tell you nothing,
until you grow better eyes to see me.
For all your ambition and tools, little man
we watch you rise, watch you fall!"
I cannot keep his gaze
and I stare at the ground, in shame.
When I look up again
the bird has gone to some other tree.
But on the floor before me, slowly sinking
he has left me a single feather,
whose secrets might be mine to discover
if I can find the wit.

Pasare Fabuloasa

Ce mi-ai spune, pasare fabuloasa batrana,
daca secretele universului ar fi scrise
in culorile penajului tau?
Pasarea isi opreste ciugulitul
si ma priveste atent,
mai intai cu un ochi, apoi cu celalalt.
Cu o tuse, pasarea isi potoleste gatul,
neobisnuita sa vorbeasca unor urechi atat de plictisitoare.
”Nu ti-as spune nimic,
pana cand nu cresti ochi mai buni sa ma vezi.
In pofida ambitiei si uneltelor tale, micutule om
te urmarim cand te ridici, te urmarim cand cobori!”
Nu-i pot tine privirea si ma holbez la pamant, de rusine.
Cand ma uit din nou in sus
pasarea a zburat in alt copac.
Dar pe pamantul din fata mea,
ce se scufunda incet, mi-a lasat o singura pana
ale carei secrete ar putea fi ale mele sa le descopar,
daca gasesc intelepciune.

Fat Frumos

Fat Frumos won the election and with it, Ileana.
See him standing on the balcony, all teeth,
as the Zmei flash their crazy cameras,
shouting for a pose.
Ileana is showing off her tits
and wobbles in improbable heels,
as her husband promises
that his fingers will never be caught stealing.
But when the party's over,
the TV crews have all gone home,
Ileana takes off her wig and goes to bed alone.
Fat Frumos stands there, in the window
laughing at the ambitions
that these fools have for him.
All their dreams, the ladder he has climbed
from the gutter, to the Palace he now sleeps in.
He bites hard on the rubber ball
and bends over in submission,
as Balaur strokes him not so gently
with his bitten fingernails.
All seven heads are sniggering,
as they lick the tears dry from his eyes.
How hard these bastards beat him,
Fat Frumos sheds his tear
the morning sun lights up the sky
and the dreams of hope, they disappear.

Fat Frumos

Fat Frumos a castigat alegerile
si odata cu ele, pe Ileana.
Sta pe balcon, cu dintii-n sus,
pe cand Zmeii isi aprind aparatele nepotolite,
strigand pentru o poza.
Ileana isi arata tatele si se clatina pe tocuri nesigure,
in timp ce sotul ei promite
ca degetele lui nu vor fi prinse niciodata furand.
Dar cand petrecerea s-a terminat,
echipa TV a plecat acasa,
Ileana isi da peruca jos si se duce la culcare singura.
Fat Frumos sta acolo, la fereastra
razand la ambitiile pe care
acesti naivi le au pentru el.
Toate visele lor, scara ce a urcat-o
din canal, in Palatul in care doarme acum.
Musca tare din mingea de cauciuc
si se apleaca in supunere,
pe cand Balaurul il mangaie nu foarte delicat
cu unghiile lui muscate.
Toate cele sapte capete chicotesc,
in timp ce usuca lacrimile din ochii lui.
Cat de tare il bat acesti nemernici,
Fat Frumos isi varsa lacrima
soarele diminetii lumineaza cerul
si visele de speranta, dispar.

The Fates

I found the first one climbing
through the bedroom window,
on the third night she came home.
My compliments, my guest proclaimed.
So what did you bring her
I asked the wizened man,
shivering beneath his bird's skin.
A spider's web to bind you,
no matter how far
your fickle heart takes you.
The skein will bind you,
invisibly to her for all of her days.
Not bad I reply, as I hand him a beer
and let him out the front door.
Sometime later, I hear the laughter
of the midnight dogs and the sound
of an old bottle dropped.
On the fifth night I found the second,
a tall, thin fellow hiding behind a radiator.
My compliments, said my guest
inspecting her like a stork proclaiming.
I'll give her a great poker face!
What's that for, I ask?
For her to wear when she tells you she loves you,
and that it doesn't matter
that you've missed her every important day.
I give him half a pack of cigarettes,
as I help him out the window.
The moon is full, as he lights one up,
and waits for the wind to catch him.
On the seventh night, the third one
found me looking at her sleeping.

Ursitoarele

L-am gasit pe primul catarandu-se
prin fereastra din dormitor,
in a treia noapte cand a venit ea acasa.
Complimentele mele, a vestit musafirul meu.
Asadar, ce i-ai adus?
Am intrebat omul sfrijit,
tremurand sub pielea lui de pasare.
O panza de paianjen sa te ataseze
indiferent cat de departe
te duce inima ta nestatornica.
Sucitura te va lipi de ea invizibil
pentru tot restul vietii ei.
Nu-i rau deloc raspund,
pe cand ii pasez o bere si-l dau afara pe usa din fata.
Ceva mai tarziu, aud rasul
cainilor noptii si sunetul
unei sticle vechi sparte.
In a cincea noapte, l-am gasit pe al doilea,
un barbat inalt, subtire ascuns dupa calorifer.
Complimentele mele, spune musafirul meu
inspectand-o ca o barza vestitoare.
Am sa-i dau o fata mare de pocher!
De ce, intreb eu?
Sa o poarte cand iti spune ca te iubeste
Si ca nu conteaza ca ai omis
Fiecare zi importanta a ei.
Ii ofer jumatate de pachet de tigari,
pe cand il ajut sa iasa afara pe fereastra.
Luna este plina, pe cand isi aprinde una,
si asteapta sa-l prinda vantul.
In a saptea noapte, al treilea
m-a gasit privind-o cand doarme.

I suppose you got something, I ask.
I do, he said.
Could I ask you something?
He looked a bit uncomfortable.
That's not really the way it's supposed to work.
What do you want for her?
Could you give her a better father
than I'd ever be?
The nut faced man laughed,
taking my wristwatch from my wrist
with his long, bony fingers.
I think you'll find that her mother
has that business already well in hand.
So, what did you bring her?
I brought her three lucky chances
when fortune will go her way,
it's the traditional third gift.
Can I ever tell her, I asked
but he had gone to join his fellows,
I saw them waiting for him in the street.
I blinked and I was alone,
except for the lucky breathing of my daughter,
sleeping in peace.

Presupun ca ai ceva, intreb.
Am, spune el.
Pot sa te intreb ceva?
Parea putin incomfortabil.
Nu trebuie sa functioneze chiar asa.
Ce vrei pentru ea?
Poti sa-i oferi un tata mai bun
decat as fi eu vreodata?
Barbatul cu fata de aluna a ras,
luandu-mi ceasul de la mana
cu degetele lui lungi, osoase.
O sa gasesti ca mama ei
deja s-a ocupat de treaba asta.
Deci, ce i-ai adus?
I-am adus trei sanse norocoase
cand norocul va merge spre ea,
este al treilea dar traditional.
Pot sa-i spun vreodata, am intrebat
dar a plecat sa se alature celorlalti,
i-am vazut asteptandu-l in strada.
Am clipit si am ramas singur
cu exceptia respiratiei norocoase a fiicei mele,
ce doarme linistita.

Bedstraws

My mattress stuffed with meadow hay,
it crunches when on it, I make to lie
and dreaming, smell the summer's days
beneath the starstruck autumn sky.
The long grass and the meadow flowers
that the old sun spun to gold,
I am with their perfume, this night, devoured
it makes my resolution bold.
I close my eyes to hear her creeping
softer than the smallest harvest mouse.
So loud, my heart is beating
I followed her from the house,
to where the moonbeams gather
and beneath her rose, hung-heavy crown
if questioned, then yes, I'd rather
be here than in my dusty town.

Soft music plays from the shadows
small bells ring from tiny feet.
There is clapping, as she begins her dance
whilst most of the world yet sleeps.
I hold my breath, here in the hedgerow,
as slowly she dances a little faster.
Some Valve start with pipe and drum
but she dances for no mortal master.
She spins there, beneath the moon
wearing nothing but her crown of rose
I stare, cannot suppress the swoon.
It was meant to be, I suppose
as I fall, she sudden sees me
and shouts in cruel dismay
The Valve drift into the morning mist
to find somewhere else this night to play.

Lele-Sanziene

Salteaua mea plina cu fan
scartaie, cand pe ea ma intind
si visand, miros zilele de vara
sub cerul instelat al toamnei.
Iarba lunga si florile campiei
pe care vechiul soare le-a tors in aur
sunt cu parfumul lor, in aceasta seara, devorat
imi face hotararea cutezatoare.
Inchid ochii sa o aud tarandu-se,
mai subtil decat cel mai mic soricel de recolta.
Atat de tare, imi bate inima
am urmarit-o din casa,
unde se aduna razele lunii
si sub coroana ei de trandafir
daca sunt intrebat, atunci da, mai degraba
m-as afla aici decat in orasul meu prafuit.

O muzica fina se aude din umbre
clopotei mici suna din picioare micute.
Pe cand ea danseaza, incep aplauze,
in timp ce multa lume inca doarme
imi tin respiratia, aici in boscheti
danseaza putin mai repede.
Niste Valve incep cu fluier si toba
dar ea nu danseaza pentru nici un stapan muritor.
Se invarteste acolo, sub luna
purtand doar coroana ei de trandafir
ma holbez, nu pot suprima lesinul.
Asa a fost sa fie, presupun
pe cand cad, deodata ma zareste
si striga in disperare.
Valvele dispar in ceata diminetii
sa cante altundeva.

So why have you spoilt my dance,
you lumbering mortal clod?
My kind are not for you to see,
so say the priests of your dismal God.
Here's something to remind you then, of me
of that night you chose to spy.
And like a summer's breeze she leapt
and scratched out both my eyes.
I would have said I was sorry
but I never had a hope or chance.
So I no longer worry, because
I still live, yet I saw her dance.

De ce mi-ai stricat dansul,
lemn muritor hodorogit?
Neamul meu nu este pentru tine sa privesti,
asa spun preotii Dumnezeului tau mohorat.
Uite atunci, ceva sa-ti aminteasca de mine
de acea noapte in care m-ai spionat
si ca o briza de vara a sarit
si mi-a zgariat amandoi ochii.
As fi spus ca-mi pare rau
dar nu am avut nici o sansa sau speranta.
Nu ma mai ingrijorez, pentru ca
inca traiesc si i-am vazut dansul.

Glossary

P8-   Blow me- invokes the rich Romanian folkloric tradition of animal
       transformation, and Sandy was the hurricaine which hit the Unites
       States eastern seabord in 2012.

P10-   Beast-another animal transformation piece, this time invoking the
       Pricolici (werewolf/vampire), as a metaphor for heartbreak.

P12-   The Dragon of the night-Romanians tend not to see dragons just as
       giant, scaley fire breathing lizards, but rather as malevolent shape
       changing alien sorcerers, who regard all humankind as their prey.
       The most famous Romanian dragon is Balaur, the oppositional
       opponent of Fat Frumos. Balaur conveniently, often appears with
       seven heads, which whilst it makes it easy to identify him it makes
       him a particularly difficult opponent to defeat in argument.

P16-   St. Nicholas-is a meditation of the Romanian Orthodox Father
       Christmas.

P20-   Wood-is a meditation on Romanian forest lore.

P22-   Lupercal-an examination of the history of Valentin and the
       Lupercalia.

P26-   Another Lupercal-is another attempt, with more Valentin.

P30-   Ishtar-is looking at the Goddess Ishtar in the context of the
       Orthodox Easter.

P32-   Mother of the Forest-Muma Padurii is a folk spirit of the Carpathian
       forest lands. She's similar in aspect to Baba Yaga. A cannibalistic hag,
       who punishes violators of the forest. Sometimes associated with Fata
       Padurii (the seductress of the forest), who seduces foolish men from
       the path and then eats them. Neither figure are benign, in any way.

P76-   Paparuda-the Romanian spirit of rain.

P82-   Serpii Casei (the snakes of the house) at election time-a folkloric
         satire on the 2014 Romanian presidential elections, and features
         many Romanian folkloric figures in a satiric context. Fat
         Frumos is the alpha hero of most Romanian legends. He fights
         Balaur, the seven headed dragon for golden haired Ileana. The house
         snake of the title refers to the belief that the look of every household
         rests in the form of a snake, that lives beneath a heartstone. So long
         as the snake is alive and healthy and not interfered with, the snake
         brings good luck and eats the rat in the kitcken. However, if the
         snake is treated badly, he leaves taking the household's luck with
         him. Valvele Bucatelor are the elves that live in the golden caves in
         side the mountains. Inecatele are the spirits that live in the rivers,
         who occasionally drown swimmers by tangling them in their hair.
         The Lele are the dancing fairies of the fields, who occasionally
         seduce farm workers, when their masters are not looking.
         Novacii are dangerous giants with cannibalistic appetites.
         Capcaun is a dog-headed goblin, whose task is to punish
         disrespectful children. Bau Bau is a more general Bogey Man,
         whose mischief is more random.

P98-   Fabulous Bird-the Romanian equivalent of the Irish salmon of
         knowledge, in that it imparts wisdom to travelers, in a somewhat
         capricious way. It is easily distinguished by its magnificent plumage.

P102-   The Fates-a specific group of fairies that appear shortly after the
         birth of a child, who ask for some gifts in exchange for some fairy
         magic.

P106-   Bedstraws-dancing country faries, who bedazzle young farmers with
         their youth and beauty to excuse their more sinister appetites.

Printed in Great Britain
by Amazon